존경받는 임원의 **5가지** 특징

임원의 품격
꿀팁 50가지

홍석환 지음

존경받는 임원의 **5가지** 특징 ·

임원의 품격, 꿀팁 50가지

초판 1쇄 발행 2022년 03월 15일

지 은 이	홍석환
발 행 인	권선복
편 집	오동희
디 자 인	서보미
전 자 책	권보송
발 행 처	도서출판 행복에너지
출판등록	제315-2011-000035호
주 소	(157-010) 서울특별시 강서구 화곡로 232
전 화	010-3267-6277, 02-2698-0404
팩 스	0303-0799-1560
홈페이지	www.happybook.or.kr
이 메 일	ksbdata@daum.net

값 20,000원
ISBN 979-11-5602-975-5 (13320)

도서출판 행복에너지는 독자 여러분의 아이디어와 원고 투고를 기다립니다. 책으로 만들기를 원하는 콘텐츠가 있으신 분은 이메일이나 홈페이지를 통해 간단한 기획서와 기획 의도, 연락처 등을 보내주십시오. 행복에너지의 문은 언제나 활짝 열려 있습니다.

존경받는 임원의 **5가지** 특징

임원의 품격

꿀팁 50가지

홍석환 지음

기업의 중심, 임원의 자리에 앉은 당신
이제 무엇을 해야 할까?

도서
출판 **행복에너지**

뛰어난 임원들이 스스로에게 던지는
5가지 핵심 질문

임계점이 있다. 물은 99도에서는 끓지 않는다. 1도 더 높여야 한다. 그런데 1도만 더 높이면 되는데도 포기하는 경우가 많다. 그러나 100도에 다다라 일단 끓기 시작하면 이후에는 무섭게 들끓는다. 임원은 바로 조직과 구성원을 끓게 만드는 사람이다. 임원이 '내가 더 쪼면 직원들은 정신 차리고 더 열심히 일할 것이고, 자연스럽게 목표는 달성할 거야' 하는 생각으로 리더십을 발휘한다면, 잠깐은 성과가 나겠지만 오래가지 못한다. 무리하게 조직과 구성원을 이끌다가 누적되는 피로와 스트레스로 인해 우수한 인재가 떠나가고 조직은 망가진다. 결국 임원의 조직·일·사람·변화·자기 관리역량의 크기가 조직과 직원의 성장에 큰 영향을 준다.

언젠가 A그룹 팀장들에게 지금까지 살아오면서 성장에 크게 영향을 준 다섯 사람을 적어보라고 했다. 대부분은 부모, 은사, 선배, 친구 그리고 아내를 적는다. 조사 대상으로 삼은 30명 중 단 한 사람만 '지금의 상사'라고 적었다. 그 이유를 물으니, 지금의 상사가 자신에게 길고 멀리 보도록, 즉 비전과 전략을 가지고 일하는 방식을 갖도록 바꾸어주었고, 사람을 대하는 태도도 변화시켰다고 한다. 마치 알에서 막 깨어나 세상을 처음 본 병아리처럼 갑자기 자신이 성장했음을 그 상사 덕분에 느꼈다고 한다. 이 팀장에게 그 상사는 존경받는 롤모델이었던 것이다.

직장생활을 하면서 어떤 임원이 존경스럽냐고 직원 3,000명에게 설문을 했다. 자신이 생각하지 못한 문제해결방안을 제시할 때 (28%), 신상필벌이 적절할 때(26%), 개인적인 고민을 들어줄 때(19%), 업무추진과정에서 생긴 타 부서와의 갈등을 해결해 줄 때(14%), 미래지향적인 업무개발에 앞장설 때(13%)였다. 필자는 31년 동안 직장생활을 하면서, 진정성을 갖고 나의 가치를 올리기 위해 관심과 질책을 한 임원이 가장 존경스러웠다. 반대로 어떤 임원과 일하는 것이 힘드냐는 설문에는 윗사람에게는 아부하지만 부하 직원에게는 권위를 내세우는 임원, 직원의 인격을 무시하는 임원, 편견을 갖고 대하는 임원, 일방적인 지시만 하는 임원, 변화에 둔감한 임원, 본인의 생각을 강요하는 임원, 학력으로 직원을 차별하는 임원, 자기계발에 게으른 임원, 주관이 없는 임원 순으로 답하였다.

임원은 '임원'이라는 직책에 맞는 역할과 과제를 수행해야 한다. 임원이 대부분의 시간을 일상적이고 정형화된 업무를 검토하고 조정하며 담당자에게 맡기지 못하고 본인이 직접 실무까지 한다면, 그 회사의 미래는 암울할 수밖에 없다. 임원은 사업과 연계된 전략 구상, 신사업 연구, 학습 및 성장 등의 업무에 집중해야 한다. 조직과 구성원에게 "이 일을 통해 얻고자 하는 바가 무엇인가?" "이 일이 회사에서 어떤 성과를 창출해 낼 것인가?"를 지속적으로 질문함으로써, 두 질문이 업무를 수행하는 내내 직원들에게 내재화되어 실무에 반영되도록 해야 한다. 임원의 중요한 역할은 비전과 성과를 달성하기 위해 방향을 제시하며, 변화를 주도하고, 조직과 구성원의 역량을 강화하며, 실행을 통해 성과를 달성해 내는 것이다.

임원은 자신이 책임지고 있는 조직의 CEO 같은 존재다. 조직의 비전과 전략 그리고 성과에 대해 책임져야 한다. 또한 여러 가지 환경 변화에 대응하여 조직 전체의 CEO를 '보완'하는 역할을 수행해야 한다. 즉 임원은 CEO를 '보좌'하는 역할에 그쳐서는 곤란하다. 전략적 사고에 기초한 조직의 장으로서 자기 분야에서 최고 전문가가 되어야 한다. 복잡한 과제와 대내외 제반 여건을 고려해 CEO에게 적극적으로 제언할 수 있는 역량을 보유해야만 하는 것이다.

이 책에서 필자는 임원이 스스로에게 질문을 던지며 갖춰나가야 할 역량을 다음 5가지로 구체화하여 설명하고자 한다.

❶ 제대로 사업을 꿰뚫고 전략을 실행하는가?

❷ 길고 멀리 보며 의사결정을 하는가?

❸ 정도를 걸으며 악착같이 솔선수범하며 성과를 창출하는가?

❹ 대내외 네트워크를 형성하고 활용하는가?

❺ 조직과 구성원의 가치를 올리며 자율적으로 이끄는가?

임원은 CEO의 의중을 파악하여, 자신의 조직과 직무를 전략적 연계선상에서 점검하고 소통하여 한 방향으로 정렬시켜야 하며, 직원들이 불필요한 일을 하지 않도록 명확한 방향을 제시해 주는 사람이다. 또한 조직 전체를 생각하며 의사결정을 해야 한다. 길고 멀리 보는 통합적 관점에서 CEO와 회사 전체의 이익을 생각하며 이해관계자들 사이에서 중지를 모으고 신속하게 의사결정을 해야 한다. 임원은 행동으로 본보기가 되어야 하는 사람이다. 해봤다, 했다 하는 주의가 아닌 성과를 낼 때까지 솔선수범하되, '갑질'이 아닌 정도경영을 일관성 있게 실천해야 한다. 또한 조직과 직원의 가치를 올리며 직원 한 명 한 명이 자발적이고 주도적으로 성과를 창출해 나가도록 이끌어야 한다. 나아가 임원은 외부 네트워크를 구축하고 활용할 줄 알아야 한다.

그러면 임원으로서 마땅히 지켜야 할 '도리'는 무엇일까? 재임 기간 동안 자신의 안위를 챙기느라 급급해할 것이 아닌, 선배들이 물려준 이 좋은 회사를 후배들이 계속 다니면서 행복할 수 있도록 100년 옥토를 만들어주는 것이 임원의 본분이라고 생각한다.

이 책은 임원은 어떤 역할을 수행해야 하며, 어떤 마음가짐과 자세로 일과 사람 그리고 변화관리를 해야 하는가를 알려주고 싶어 집필되었다. 또한, 임원이 되기 위해 어떤 준비를 해야 하는가를 명확하게 알고 실행하도록 하고 싶었다. 임원을 꿈꾸는 것으로 끝나는 것이 아닌 임원이 되어 조직과 구성원의 가치를 올려 자신이 받은 혜택보다 더 큰 옥토를 후배에게 남겨 주고, 존경받는 롤 모델이 되어주길 희망했다. 임원은 올바른 인성을 바탕으로 자신이 하는 일에서 전문성을 갖고 조직과 구성원을 이끌어 성과를 창출해야만 한다. 이 책을 읽는 많은 분들이 이러한 임원의 본분을 되새기며 길고 멀리 보며, 일에 있어서 성과를 창출하고 사람의 마음을 훔치고, 재미있게 일과 변화를 즐기는 힘을 얻길 바란다.

이 책을 집필하면서 고마운 분들이 많이 떠올랐다. 17년의 삼성(삼성전기, 삼성비서실 인력개발원, 삼성경제연구소), 8년의 GS칼텍스(인사기획팀장, 조직문화팀장), 6년의 KT&G(변화혁신실장, 인재개발원장) 등 어언 31년간 직장생활을 하면서 인연을 맺은 수많은 상사와 선배, 동료와 후배들이 지금까지도 잊지 않고 연락을 해온다. 지면의 사정상 일일이 소개할 수 없어 죄송하다. 밤 1시에 "네가 보고 싶어 전화했다"라는 선배님의 약주 한잔하신 음성에 소중한 추억과 행복함을 느낀다. 사회생활을 하면서 회사 외부에서 일하는 정 많은 전문가 분들의 도움도 많이 받았다. 15년 가까이 매달 세미나를 이어가는 한국HR포럼 회원님들, 30년 넘게 만남을 지속하는 인사노무연구회 회원님들을 잊지 못할 것이다. 인사 전문지인 《월간 인사관리》, 《인재경영》, 《월간 HRD》, 《HR Insight》, 《메가넥스트》, 《인살롱》의 편집장님과 기자님들은 필자에게 HR 관련 시사점을 주면서 늘 노력하게 해주었다. 한솔교육, 애경그룹, 경신, 마이다스 아이티, 선일다이파스, 코코도르, 아세테크, 유한양행, 코린토, 한국능률협회(KMA), 한국생산성본부(KPC), 한국표준협회(KSA), 전국경제인연합회, 한국경영자총협회, 한경닷컴의 '홍석환의 인사 잘하는 남자', 중도일보의 '홍석환의 3분 경영', 서울과 대전의 많은 선후배님, 3분 경영 독자님들의 관심과 격려가 없었다면 이 책은 빛을 볼 수 없었을 것이다. 시골에서 존경받으시며 두 분의 사랑을 이어가는 부모님, 언제나 변치 않는 사랑을 전하는 아내, 어려운 박사 과정을 마치고 사회 생활을 준비하는 맑고 밝고 긍정적인 큰딸 서진, 비안이의 엄마가 되어 현모양처 소리를 듣는 작은딸 서영이와 사위에게 감사를 전한다. 마지막으로, 어려운 시기, 새롭게 이 책이 다시 빛을 보게 해 준 행복 에너지 권선복 대표에게도 감사드린다.

2022년 1월
일산 집무실에서,
홍석환의 HR전략 컨설팅, 대표
홍석환

1장   **전략_**
제대로 사업을 꿰뚫고 전략을 실행하는가?

4장 관계_ 대내외 네트워크를 잘 형성하고 활용하는가?

전략

제대로 사업을 꿰뚫고 전략을 실행하는가?

사업의 본질을 모르면 실패한다

한 달 벌어 한 달 먹고살면 딱 맞아요.

대기업 31년 생활 후 퇴직하여 기업 강의와 중소기업 자문과 컨설팅을 하면서, 큰 차이를 느낀 점은 직무범위와 보상이다. 업종, 회사의 규모, 개인의 고과에 따라 다르지만, 통상 10대 대기업의 경우, 입사 8년 차면 과장이고 연봉으로 약 6천만 원 수준이 된다. 팀장 역할을 수행하는 직원은 거의 없고, 한 직무의 담당자로 업무를 담당한다. 근무했던 회사들은 HR부서가 실(부문)단위의 임원 조직이었고, 실(부문) 아래 5개의 팀(인사기획팀, 인사운영팀, 인재개발팀, 노사협력팀, 조직문화팀)이 있었다. 실(부문) 전체의 인원은 40명 수준으로 각자는 HR의 영역(전략, 채용, 조직과 임원인사, 평가, 보상과 복리후생, 승진, 인력운영(이동과 배치 등), 육성, 노사, 조직문화, 해외 인사, e-hr, 퇴직)별 업무를 담당한다. 한 명이 평가와 보상, 채용과 교육 등 2개 영역의 업무를 담당하는 경우는 극히 드물다. 육성도 리더십교육, 직무교육, 가치교육, 글로벌 교육, 공통 역량교육 등 세분화되어 각각 담당자가 있을 정도로 업무 분장이 되어 있다.

몇 곳의 중소기업 자문과 컨설팅을 하면서 임원의 급여는 약 7천만 원 수준이었고, 8년 차 과장의 급여는 3,800만 원 수준이었다. 임원의 경우, 자녀의 대학 학자금 지원이 되지 않아 힘들다는 말을 하고, 과장의 경우 "한 달 벌어 한 달 먹고살면 없다"는 말을 한다. 인사팀이 별도로 있는 곳은 없고, 경영관리팀 안에 인사담당자 1~3명이 HR 전 영역의 업무를 수행한다. 사실 전 영역이라 하지만, 대부분 e-HR은 없고, 엑셀로 전 임직원을 관리하며, 채용, 보상과 4대 보험, 승진과 이동, 퇴직업무가 대부분이다. 평가제도는 있지만, 매우 형식적이고 CEO 또는 일부 임원이 평가를 결정한다.

자문과 컨설팅한 회사들은 회사에 대한 자부심과 일에 대한 열정이 대단히 높은 곳이었다. 하지만, 중소기업 다니는 많은 직장인들은 3가지를 모른다. 첫째, 사업의 본질, 사업의 미래 방향과 전략을 모른다. 이야기를 들으면 현재 수준에 대한 불만이 많다. 둘째, 회사의 3~5년 동안의 재무제표의 중요 항목에 대한 수치에 약하다. 회사가 어렵다는 것만 아는 수준이다. 셋째, 제품과 서비스의 처음부터 끝까지의 밸류체인을 잘 모른다. 심지어 자신이 하는 일의 의미와 목표를 모르고 주어진 일을 수행하는 수준이다. 시키는 일을 잘하는 수준으로 새로운 일에 도전하거나 획기적 개선을 수행하기는 정말 쉽지 않다. 이들의 최고경영자를 만나면 걱정이 많다. 지금 인력으로는 자신의 꿈을 펼치고, 사업을 확장해 나가기 힘들다고 한다. 근본적으로 내부 인력의 역량을 믿지 못한다. 그래서 외부 대기업 출신들을 영입한다. 내가 하지 않으면 안 된다는 생각이 가득하다. 이것이 현실이었다.

중소기업이 중소기업일 수밖에 없는 7가지 이유

지난 4년의 자문과 강의, 30년 넘게 중소기업에서 근무한 임원과 매주 만나 차 한잔하면서 성장하지 못하는 중소기업의 이유에 대해 의견을 나눴다. 중소기업이 대기업이 되지 못하고 중소기업으로 남거나 사라지는 이유는 다음과 같다.

첫째, 사업의 본질을 이해하지 못한다. 우리는 중소기업일 뿐이라는 생각, 영업이 모든 것을 좌우한다고 믿고 있다. 연구개발이 중요한 것을 알지만, 당장 생존이 중요하다고 생각하기 때문에 정부 지원사업이 아니면 연구개발은 어렵다고 생각한다. 대부분 지난해의 연장선에서 올해를 볼 뿐, 변화를 읽고 방향과 전략을 세울 수 없으며 획기적 성장을 하기 어렵다.

둘째, 회사는 내 것이라는 CEO의 리더십이다. CEO가 '나 없으면 안 된다'는 생각이 강해 모든 일을 다 챙기고 의사결정을 한다. 임직원은 어느 사이 '이 정도만 하면 되고, 나머지는 사장이 다 한다'는 생각에 젖어 있다. 직원은 정시 퇴근하는데, 사장의 책상에는 결재

판이 쌓여만 간다.

셋째, 조직과 개인의 비전과 목표가 없다. 조직의 사업계획과 목표는 결정하지만, 개인의 목표는 없다. '중소기업은 다 그래' 라는 생각으로 개인의 비전이 없다. 시키는 일에 익숙하지만, 주도적, 자율적으로 일하지 않는다. 그러면서도 자신의 일에 누가 간섭하는 것을 싫어한다. 도와줄 여력도 없고 힘도 없다. 목표는 있지만, 과정관리가 안되다 보니 악착 같은 실행이 없다.

넷째, 본받을 사람이 없다. 존경할 선배가 없고, 가르쳐주는 사람이 없다고 한다. 체계적인 교육을 할 여력이 없다. 네 일이고 네가 알아서 하라고 한다. 매뉴얼과 기록이 없다. 있는 것은 전임자가 사용했던 파일과 자료뿐이다. 그나마 이런 자료라도 있으면 다행이다. 전임자가 퇴직하여 없는 경우도 많다.

다섯째, 주먹구구식의 인사제도이다. 성장과 성과를 독려하고, 철저한 점검과 피드백으로 결과가 창출되도록 인사제도가 뒷받침해줘야 한다. 하지만 인사제도를 살펴보면 하지 말라는 말이 많고 취업규칙 수준이다. 인사제도는 구성원의 성장, 성과 창출을 위한 동기부여와 질책으로 차별화되어 있어야 한다. 좋은 인사제도가 아닌 공정 기반의 조직과 임직원의 가치를 향상시키는 제도가 설계되고 운영되어야 한다.

여섯째, 참모의 부재이다. 사장의 일방적 의사결정에 뛰어난 참모들은 견디지 못하고 회사를 떠난다. 잔류하는 참모들은 사장의 말이라면 무조건 옳다고 순종하는 일종의 아부꾼이 된다.

일곱째, 내부지향적 지시 문화이다. 내부지향적 문화의 특징은 나쁜 일은 보고하지도 않고 알리지도 않는다는 것이다. 모든 의사결정시에 사장님만 바라본다. 가족적 분위기란 말을 많이 하지만, 사실 외부 회사와 경쟁자와 싸워야 하는데 내부 임직원 간의 끼리끼리 문화가 심각한 수준이다. 매일 회의는 하는데 훈화 수준이고 다 정해 놓고 왜 회의를 하는지 모르겠다는 의견이 많다. 무엇보다도 신뢰가 부족하다는 말이 많다.

강한 중소기업이라면 2가지 전략을 가져갈 수 있다. 하나는 강한 중소기업으로 남아 내부 경쟁력을 보다 전문적으로 보유해 가는 전략이다. 다른 하나는 중소기업에서 중견기업 그리고 대기업으로 변해가는 것이다. 전제 조건이 있다. 바로 강한 중소기업일 때만이다. 강한 기업의 임직원들은 사업의 본질을 명확하게 파악하고 있다. 그리고 그 중심에 항상 뛰어난 임원이 있다.

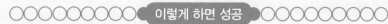

생존 전략에 능한 경영자가 성공한다

직장인들에게 '전략'이란 용어는 낯설지 않다. 하지만 이 의미를 잘 아는지는 다른 문제다. 전략과 전술, 방안의 차이가 무엇인지, 전략적이라고 말할 때 그 수준이 어떠해야 하는지, 전략적 마인드를 가지라고 할 때 그 마인드란 대체 무엇인지, 전략을 구사하는 역량은 어떻게 쌓아야 하는지 직원, 심지어 임원이나 팀장부터가 제대로 알고 있을까?

성공한 경영자는 '전략'에 관해 말할 때 환경 분석-대안설정-최적안 선정-실행계획 수립-실행-점검을 강조한다. 처한 위치와 상황 그리고 생존 역량에 따라 전략이 달라져야 한다는 의미다. 이들은 제갈공명처럼 전략을 구사하는 리더의 역량에 따라 기업 및 조직의 경쟁력이 크게 달라진다는 점을 놓치지 않는다.

《전략의 원칙: 위대한 리더들은 무엇으로 변화를 넘어섰는가》라는 책은 전략의 5가지 틀을 제시한다.

제1의 틀, 앞을 내다보고 현재 무엇을 해야 하는지 되짚어보라.

제2의 틀, 크게 베팅하되 회사의 존립을 위협하지는 마라.

제3의 틀, 제품만 만들지 말고 플랫폼과 생태계를 구축하라.

제4의 틀, 유도와 스모처럼 지렛대 원리와 힘을 활용하라.

제5의 틀. 개인적 닻을 바탕으로 조직을 형성하라.

그러면, 생존을 위한 전략 유무가 낳는 결과의 차이는 무엇일까?

연간 자동차 생산대수가 100만 대 이하인 포르쉐가 600만 대 이상을 생산하는 폭스바겐의 지분을 31% 소유하며 대주주가 된 사례를 보자. 포르쉐가 처음부터 '강한 기업'이었던 것은 아니다. 1993년 판매 부진, 환율, 신제품 지연으로 부도 위기를 겪기도 했다. 이러한 위기가 닥치자 포르쉐는 먼저 효율성 추구 전략을 썼다. 900개 부품 회사를 300개사로 정리하고, 직급 체계를 6개에서 4개로 줄임으로써 의사결정을 신속히 했다. 이어, 작업 공정의 아웃소싱과 내구성 및 품질 강화를 통한 생존전략을 짰다. 당시 포르쉐 CEO였던 벤델링 비데킹은 긍정적인 미래를 지향하라고 강조했다.

생존전략은 기업의 지속가능성을 위한 노력이다. 그리고 그 토대를 이루는 것이 바로 임원의 사고방식과 역량이다. 즉 임원의 생각이 기업 생사의 근원이다. 1등 기업의 임원과 2등 기업의 임원의 생각은 어떤 차이가 있을까? 1등 기업의 임원은 바람직한 모습을 생각하며 새로운 전략과 방법을 고민한다. 2등 기업의 임원은 앞에 1등 기업이 있기 때문에 따라가려는 경향이 있다. 과연 어느 회사가 더 영원하겠는가?

생존전략이 있느냐 없느냐가 결국 조직의 운명을 가른다. 멕시코 중서부 시에라 협곡에 사는 타라후마라 부족의 사냥법은 특이하다. 그들은 애초 점찍은 사냥감을 끝까지 쫓아간다. 사냥감이 지쳐 쓰러질 때까지 쫓아 결국에는 그렇게 쓰러진 사냥감을 포획한다. 한 마디로 말해, 이 부족의 생존전략은 '집념'이다.

기업의 생존전략 실행에서 가장 중요한 것은 당연히 임원의 선견력과 의사결정력과 추진력이다. 예를 들어 S그룹의 비메모리반도체 포기와 메모리반도체로의 집중에서 보이는 의사결정력, S물산의 사업부 도산제 등과 같은 추진력처럼 회사가 보유한 자원의 강점을 최대한 활용하는 생존전략만이 일등 자리를 유지해 나가는 비결이다.

박 사장의 고민

경영회의를 마친 박 사장, 한숨이 깊어만 간다. 경영회의의 방식을 바꿔보라고 지시한 지 오래이건만, 아직껏 별 변화가 없다. 늘 하던 대로, 사업본부장들이 주간 실적과 계획에 대해 준비된 보고서를 읽는 수준의 발표를 하고, 회의석상의 임원들은 자신의 발표 이외에는 관심이 없다. 중간에 질문이라도 하면 나오는 답변과 설명이 장황하다. 본부장들의 주간 발표가 모두 끝나면 그저 정적만이 흐른다. 공유할 사항이 있느냐고 물어도 대답이 없다. 새롭게 추진하는 프로젝트가 무엇인지 질문해도 서로 눈치만 본다. 박 사장은 전략팀에 경쟁사 포함 국내 5대 기업은 경영회의를 어떻게 하고 있는지 파악해 우리 회사에 맞는 '경영회의' 방식에 관해 금월 중 구체적인 개선안을 보고하고 실행하라고 지시한다.

이후 전략팀의 경영회의 개선안에 따라, 문제 해결 중심의 경영회의로 전환이 이루어졌다. 금주 경영회의의 주제는 중장기 전략의 수립 및 점검 방안이다. 전략팀에서 3년 후 전사 중장기 전략을 수립하고자 각 사업부별로 3년 후 모습과 환경 전망, 중요 프로젝트, 인력과 재무 분석 자료를 요청했다. 모든 사업본부장은 주어진 양식을 파일로 보내달라는 요청을 하고는 회의를 마친다. 그 누구도 전사 중장기 전략의 방향이 무엇이며, 3년 후 사업구조가 어떻게 바뀌어야 하는지, 환경을 둘러싼 전사 차원의 요인이란 무엇을 말하고 경쟁사는 지금 무엇을 하고 있는지, 또 고객은 우리를 어떻게 평가하며 무엇을 원하고 있는가 하는 질문을 던지지 않는다.

그로부터 2주 후 박 사장은 각 사업본부의 3개년 중장기 전략을 위한 제출 자료들을 살펴본다. 전략팀에서 공유한 3개년 경제 전망치가 그대로 반영되었을 뿐 영업과 생산의 특수 상황은 전혀 반영되어 있지 않다. 연간 3% 경제성장에 따른 매출과 영업이익을 3% 증가로 정한 수준이다.

박 사장은 긴급 경영회의를 소집했다. 전략팀은 전사 중장기 전략의 목표와 가이드라인을 제시하는 범위에서 일을 추진하고, 각 사업본부별 3개년 중장기 전략을 수립해 모든 임원이 참석하는 경영자 세미나에서 본부장들이 직접 발표하라고 했다. 전략팀의 중장기 목표는 명확했다. 3년 후 매출 2조 원, 영업이익 3,000억 원을 돌파하며, 사업구조의 30% 이상 개편, 각 사업본부별 핵심인재 선정, 독립사업부제 도입 등이 그것이었다. 사업본부장들은 전사 가이드라인에 따른 중장기 전략을 수립하여 해당 본부장이 발표했다. 개별 발표가 끝나면 경영진의 질의응답 시간을 15분씩 하도록 미리 배정이 되어 있었지만 질문하는 임원이 없다. 이윽고 모든 발표가 끝났다. 박 사장은 A사업본부의 B상무를 지명하여 B상무 조직의 중장기 전략에 대해 질문했다. B상무가 대답을 하지 못하자, 이번에는 R&D 본부의 C상무에게 3개년 중장기 전략에 관해 물었다. C상무 역시 그 어떤 대답도 내놓지 못했다. 박 사장은 임원의 역할은 전사 중장기 전략과 연계하여 자신이 담당하고 있는 조직의 중장기 전략 및 방안을 수립하는 것임을 강조하며, 임원이 자기 조직의 전략을 수립하고 실천하지 못한다면 임원이 아니라고 질책했다.

임원은 자신이 담당하는 조직의 바람직한 모습을 그릴 수 있어야 한다. 그 바람직한 모습을 구현하기 위한 전략을 수립해 강력히 추진해야 한다. 만약 잘 알지 못하는 부분이 있다면 CEO나 본부장인 상사에게 질문해 그 방향을 정확하게 설정하고 추진해야 한다. 알지도 인식하지도 못하고 추진하지도 않는다면 연봉 많이 받는 사원과 다를 바가 없다. 요컨대 임원이라면, 전략 수립 시 회사 전체의 이익을 목표로 두어야 하지, 자신이 담당하는 사업본부의 전략으로서 해당 사업본부의 이익만을 추구해서는 안 된다. 길고 멀게 내다보며 회사 전체의 파이를 키운다는 생각으로 전사적 마인드를 가져야 한다.

이 팀장,
사업과 회사에 대해 알기나 하는가?

이 팀장은 자신의 일이 마무리되지 않으면 그것이 끝날 때까지 야근을 하며 일한다. 자신의 맡은 일은 옳고 중요하다는 생각을 가진 성실하고 열정적인 팀장이다. 그래서 송 전무는 이 팀장을 자신의 자리를 물려받을 임원감으로 내심 점찍어두고, 도전적 업무와 다소 벅차다 싶을 정도의 업무를 부과했다. 힘들 것이라는 걱정이 없지 않았으나, 임원이라는 자리에 아무나 오르는 것도 아니고, 이 팀장은 해낼 수 있으리라는 판단이었다.

그렇게 3개월이 지났다. 하루는 이 팀장이 피곤한 모습으로 보고서를 가지고 왔다. 많이 피곤해 보인다는 송 전무의 말에, 일주일 동안 야근하며 완성한 보고서라고 응답한다. 보고서의 제목은 "조직의 병폐와 활성화 방안"이었다. 3주 전 송 전무가 지시한 사항으로, 조직문화를 개선할 목적으로 "무엇이 이슈이며, 어떻게 이끌어

갈 것인가를 정리해 보라"고 했었다. 이 보고서에서 송 전무가 기대했던 것은 조직의 문제점 나열보다는 조직과 구성원이 더불어 성장하며 즐겁게 근무하려면 무엇을 해야 하는지 구체적 방안이었다. 반면 이 팀장의 보고서에는 구성원들의 불만을 모아 영역별로 정리하고 이를 조직의 '병폐'라고 표현하고 있었다. 조직문화 개선 및 활성화 방안은 구성원들을 좀 더 자율적으로 일하게 하고, 차별적 금전 및 비금전적 보상을 줄이며, 보상 및 복리후생을 더욱 확대해 달라는 것이었다. 월 1회 실시하는 본부 세미나와 회식도 도움이 되지 않는다며 폐지하자는 의견이었고, 퇴근 이후의 회식과 워크숍은 실시하지 말자고 적혀 있는 등 한마디로 말해 구성원 불만 처리 중심의 보고서였다.

보고서를 검토하고 난 송 전무는 이 팀장에게 조직장의 역할이 무엇이냐고 물었다. 대답이 없다. 다시 물었다. "조직장은 어떤 마음가짐을 가져야 하는가?" 역시 대답이 없자, 송 전무는 조직장이라면 모름지기 조직과 구성원의 가치를 강화하며 조직의 성과관리를 책임지는 사람이어야 한다고 말했다. 기업은 사회적인 친목 단체가 아니며, 그러므로 지속적으로 성과를 내야 하고, 성과를 내려면 새로운 가치를 창출해야만 한다. 그 중심에 조직과 사람이 있으므로 이들의 가치를 강화해 성과를 내게끔 하는 것이 조직장의 역할이라고 강조했다. 이 팀장은 "저는 전무님께서 주시는 과제를 처리하기에 급급한 상황입니다. 솔직히 말씀드리자면, 저는 전략적으로 생각할 여유가 없습니다. 제 역량의 한계를 느낍니다."라고 말했다. 송 전무가 "어떤 면이 힘들었는가?" 하고 물으니, 무리한 과제 부여, 여유를 주지 않고 몰아붙이는 행동, 다른 팀장들과는 달리 자신이 하는 일에 대해서만 지나치게 꼼꼼히 챙기고 체크한다는 것이었다. 송 전무는 이 팀장을 자신의 후임자로 생각하고 지금까지 도전과제를 부여해 리더십을 발휘할 기회를 준 것이었는데 그런 언급은 하지 않고 일만 시켜 미안하다며 이야기를 풀어나갔다. 조직장은 결코 혼자 일하는 사람이 아니라 함께 일하는 사람이며, 자신이 하지 못하는 일이나 상황이 발생했을 때 주변의 도움을 받을 줄 아는 사람이어야 함을 강조하기도 했다. 이 팀장이 힘들 때, 단 한 번이라도 찾아와 자신에게 좀 더 구체적으로 질문했다면 지금과 같은 보고서가 나오지도 않았을 것이고, 그런 마음가짐을 갖는 일도 결코 없었을 것이라고 질책했다.

임원도 미래에 어떤 일이 발생할지 또 어떤 변화의 파도에 휩쓸릴지 모른다. 다만 이전의 경험이나 지식, 임원이라는 책임감으로 그때그때 당면한 상황을 뚫고 나가며 이끈다. 임원 역시 부족함이 많다. 심지어 자신의 강점이나 단점, 해야 할 일이나 하고 있는 일에 대한 조언이나 피드백을 받을 기회가 거의 없다. 공유도 하지 않고 혼자 이끌어나가다 보면, 전사적 관점에서 벗어날 수도 있고 그리하여 잘못된 의사결정을 할 가능성도 있다. 그러기 전에 막아야지 이미 실행한 일을 중간에 조정하기는 쉽지 않다. 그런 점에서 CEO 또는

외부 전문가와의 식사나 커피 시간, 쉬는 시간을 이용해 소통의 기
회를 잡고 이런저런 이야기를 하면서 피드백을 받는 것이 중요하다.
CEO와 코드를 맞추는 것은 매우 중요한 일로, 이는 단순히 '했다'가
아닌, 임원이 반드시 해야 할 일이다.

사업의 본질을 꿰뚫고 있는
김 상무

회사가 성장하지 못하고 정체되거나 망하는 이유는 무엇일까? 전략 담당 김 상무는 임직원들이 회사가 왜 존재하는지, 회사 사업의 특성이 무엇인지 제대로 알고 개념에 맞게 일하지 못하는 데 원인이 있다고 강조한다. 사업의 본질을 꿰뚫어 본다는 것은 시대에 따라 달라지는 사업의 개념을 정확히 파악하여 기회를 선점하는 것이다. 사업의 본질과 핵심 성공요인을 찾아 핵심역량을 최대한 집중하며, 차별화된 전략과 차별화된 방안을 모색하여야 한다. 사업의 개념이 달라졌다면 경영전략·경영관리·구매·인사·마케팅 등 모든 분야의 전략과 방안 또한 달라져야 한다.

이에 따라 임원은 사업의 본질, 즉 사업의 기본 속성을 꿰뚫고 있어야 한다. 그러려면 우선 첫째, 사업을 영위하는 기본 철학, 존재 의의가 무엇인가를 밝힐 수 있어야 한다. 예컨대 삼성에스원을 '경비업'으로 볼 것이냐, '사회안전업'으로 볼 것이냐, 혹은 사회시스템업으로 볼 것이냐에 따라 회사의 존재 가치가 달라지며, 기업 비전과 전략의 차이 또한 여기서 비롯된다. 마쓰시다 전기의 창업주 마쓰시다 고노스케는 직원들에게 "인사부는 무엇을 하는 곳이냐?"라고 묻곤 했는데, 그때마다 직원들 대부분은 "사람을 선발하여 평가하고 보상하며 육성시키는 곳"이라고 대답했다. 그러면 마쓰시다는 "인사부는 인재를 생산하는 곳"이라고 설명했다. 모터사이클 회사 혼다는, 과거에는 운송 수단이었으나 자동차의 등장으로 인해 그 가치가 급격히 떨어진 모터사이클 시장의 대안을 찾아내는 혜안이 있었다. 혼다는 그 변화를 미국 시장에서 감지했다. 즉 운송 수단이 아닌 레크리에이션 수단으로서 모터사이클을 재발견한 것이다. 사업의 본질을 꿰뚫는 순간 혼다는 세계 시장을 석권하게 되었다. 이처럼 사업의 본질을 올바르게 이해하는 것 자체가 시장의 경쟁력과 성패를 좌우하게 되는 것이다.

둘째, 사업의 본질과 속성을 꿰뚫었다면, 그 다음에는 그 내용을 정립하고 규명할 수 있어야 한다. 앞서 강조했듯이 사업의 본질은 변하지 않는 사업의 기본이며, 사업의 속성은 환경에 따라 달라지는 것으로 정밀기계업에서 양산조립업으로, 패션업에서 장식업으로 시대의 변천에 따라 변화될 수 있다. 그렇다면, 사업의 본질은 어떻게 규명해야 하는가?

김 상무는 비전-사업의 본질-중장기 전략의 틀로 연계하여 다방면에서 살펴보아야 한다고 생각한다. 사업의 기원은 무엇인가? 사업을 영위하는 기본 철학은 무엇인가? 사업의 영역은? 우리의 기술 수준과 핵심기술은 무엇인가? 우리의 고객은 누구이고 시장은 어디인가? 우리의 시장과 고객의 수준은 어떠한가? 정부의 규제와 법규 및 경쟁사는 어떤 전략을 쓰고 있으며, 현재 어느 수준에 와 있는가? 사업을 유지하는 핵심자원은 무엇이며, 우리의 부가가치는 어떤 과정을 거쳐 형성되며, 핵심 프로세스는 무엇인가? 우리가 판매하는 제품과 서비스는 무엇이며, 우리의 남다른 경쟁력은 무엇인가?

이렇듯 다양한 질문을 던지면서 사업의 본질을 규명해 내야 하며, 이 과정을 거치면서 중점 관리 포인트를 결정해야 하고, 이에 기반해 전략을 수립해야 한다.

삼성의 이건희 회장은 자동차 산업의 본질을 "인간의 생명과 관련된 안전산업, 대규모 투자를 요하는 장치산업, 2만여 개 부품의 양산조립업, 내구성 소비재로 품질과 A/S가 중요, 기술집약적 전자산업, 막대한 개발비와 장기간의 개발 기간을 요하는 사업"이라고 보았다. 대단한 통찰력이 아닐 수 없다. 임원은 이렇게 사업의 본질을 통찰력 있게 파악하고 이를 바탕으로 남들보다 한발 앞선 전략을 구사하는 역량을 갖추고 실천해야 한다.

백 상무,
이 회사의 10년 후를 그려봐!

정밀화학제품을 생산하는 C사에서 생산과 마케팅을 총괄하는 강 사장은 전략기획 담당 백 상무에게 10년 후의 회사 먹거리를 찾아 보라고 지시했다. 백 상무는 신규 사업 파트의 이 부장에게 사장의 지시 사항을 전달하였고, 이 부장은 화학제품은 이미 포화 상태이 므로 고부가가치 차별화를 위해서는 화장품 사업을 해보는 게 좋겠 다는 생각으로 관련 분야 검토에 나섰다. 마침 한국산 화장품이 중 국인들 사이에서 선풍적 인기를 누리고 있다는 점, 그리고 화장품 은 제조 기간이 짧다는 점이 강점이었다. 시장 전망도 좋았다. 중국 시장은 거의 무한대로 열려 있었고, 벤치마킹한 A화장품 회사의 영 업이익률은 20%가 넘었다. 이 부장의 '화장품 사업 진출 방안'을 중 심으로 백 상무는 10년 후 먹거리 보고를 강 사장에게 올렸으나, 뜻 밖에도 심한 질책을 받았다.

화장품 사업은 디자인과 홍보가 그 무엇보다 중요하다. 아무리 좋은 성분을 사용해도 디자인이 좋지 않으면 소비자는 구매하지 않는다. 값비싼 원료로 품질 좋은 화장품을 만드는 것도 중요하지만, 용기 및 포장 디자인의 월등함이 점점 더 경쟁력의 원천이 되고 있는 것이다. 소비자에게 얼마나 어필하여 구전되느냐도 매우 중요하다. 화장품은 사용자들의 품평에 크게 좌우된다. 그런 면에서 범위를 넓혀서 보자면 화장품 사업은 곧 패션사업인 것이다. 그런데 백 상무의 분석은 시장 전망, 제조의 용이성, 높은 영업이익률이 주를 이룬 것이었다. 화장품 사업의 본질을 꿰뚫지도 못했고 차별화된 경쟁력을 내놓지도 못했다. 사실 높은 현금보유율만 있을 뿐 화장품 사업을 이끌어갈 강점이 회사에는 있지 않았다. 오랜 기간 안정지향적인 업종, 장치산업이자 자본집약적인 제조업을 영위해 온 회사였으며 바로 그 점이 이 회사의 강점이었다. 따라서 화장품 사업에 나선다 하더라도 이를 이끌어갈 인재와 기술적·문화적 경쟁력은 전무하다고 할 만한 상황이었다. 그렇다면 화장품 사업을 시작하더라도 적극적 M&A를 통해 철저하게 독립 회사로 운영하는 편이 현명한 방안으로 여겨졌다.

강 사장은 백 상무에게 10년 후 먹거리에 대한 바람직한 모습, 분석 틀 그리고 강조해야 할 점을 찾아 재보고하라고 했다. 여러 대안 중에서 현재 투자 가능성이 가장 높고 미래의 잠재적 리스크가 가장 작은 아이디어를 찾아내 제출하라고 했다. 백 상무는 실원들과 함께 크게 3가지에 대해 고민했다. 하나, 가장 바람직한 모습은 무엇인가? 둘, 어떻게 하면 우리가 세운 계획을 주변의 영향을 덜 받고 강력히 추진해 나갈 수 있을까? 셋째, 혼자 할 수 있는 일은 한계가 있으니 모두가 함께해야 하는데, 실원들이 어떻게 하나가 되어 한 방향으로 가도록 이끌 것인가?

룰을 정하고 10년 후 회사를 먹여 살릴 신규 사업이 무엇인가를 놓고 2주 후 워크아웃을 진행하자고 제안했다. 각자 2개의 사업 아이템을 생각해 와서 2박 3일 워크아웃 기간 동안 집중토론을 하자는 것이었다. 이렇게 해서 백 상무는 문제를 풀어나갈 실마리를 하나 찾은 셈이었다.

임원은 일을 어떻게 하느냐보다 일의 본질을 알고 바람직한 미래를 그리는 능력을 갖추어야 한다.

구 상무의 전략이 옳아, 추진해!

구 상무는 군용 철모와 장갑 등을 생산하는 D사에 근무한다. D사의 제품은 국내에서 오래도록 독점적 지위를 유지해 왔다. 즉 생산하기만 하면 정부가 전부 구매해 주었기 때문에 정부의 요청만 잘 수용하면 되었던 것이다. 그러나 최근 변화의 흐름이 감지되었다. 군의 전략이 기존에는 '군인' 중심이던 데서 점차 '시설'과 '장비'를 현대화하는 방향으로 바뀌면서 군인의 수가 줄었고 회사의 매출은 감소 추세였다. 게다가 엎친 데 덮친 격으로 미국산 제품 수입이 허용되면서 강력한 경쟁에서 살아남아야 했다.

이에 따라 D사의 최고경영자는 구 상무에게 회사에 들이닥친 위기를 극복할 방안을 제시하라고 지시했다. 그동안 변화의 추이를 꼼꼼히 분석해 온 구 상무는 조만간 회사에 위기가 찾아올 것임을 예상하고 있었지만, 생각보다 위기가 너무 일찍 찾아왔다는 사실에 긴장하며 위기 극복 방안을 마련하기 위해 실원들과 2박 3일 워크아웃을 추진했다. 강원도의 한 펜션을 빌려 진행된 워크아웃에서 구 상무는 해야 할 일에 대한 정의와 내용, CEO의 기대 사항에 대해 설명한 뒤, 어떤 전략을 가져가는 것이 옳은가를 두고 토론을 시작했다. 토론의 효율적 운영을 위해 원인에 대한 불만, 불필요한 걱정, 상대 의견에 대한 비판은 하지 않기로 그라운드 룰을 정했다.

반나절이 지났다. 여러 의견이 오갔지만 극복 방안이라 할 만한 내용은 없었다. 구 상무는 점심을 먹으러 가기 전에 3개 전략을 제안했다. 첫째, 현재 국내 생산의 효율성을 극대화하여 이익을 창출하는 전략이다. 둘째, 동남아시아와 중동에 제품을 수출하는 전략이다. 셋째, 새로운 사업 또는 제품을 발굴하는 전략이다. 구 상무는 총 10명의 실원을 이 3개 전략에 따라 다시 세 조로 나누고는 세 방에서 각 전략을 실행시킬 10가지 방안을 도출해 내자고 했다. 자정이 다 되어서야 3개 전략별 10가지 방안이 수립되었다.

워크아웃 둘째 날, 구 상무는 조별로 다른 전략을 부여하고 10가지 방안을 오전까지 도출하라고 했다. 점심을 먹고 다시 조별로 하지 않은 전략에 대해 10개의 방안을 도출하도록 지시하고 저녁을 마친 후, 전략별로 각 조가 도출한 10개 방안을 볼 수 있도록 벽에 부착했다. 작성의 형태도 다르고, 비록 중복되는 방안도 없진 않았지만 많은 차이가 있었다. 구 상무는 중요성과 긴급성, 실천가능성의 축으로 3개 전략별로 10가지 방안을 최종 선정하고 이를 다시 시기별로 3단계로 구분할 것을 제안했다. 이에 따라 각 전략별로 10가지

방안이 3단계로 구분되어 작성되었다. 구 상무는 작성된 보고서를 실원들 전원과 리뷰하면서 잠재 리스크 분석 작업까지 마쳤다.

회사로 돌아온 구 상무는 경영회의에 참석해 3개 전략, 10가지 방안 및 추진 일정에 대해 보고했다. 3개 전략에 대해 경영진이 동의했고, 각 10가지 방안에 대해서도 대체로 만족하는 분위기였다. 다만 추진조직을 선정하는 데는 이견이 있었다. 구 상무가 속한 전략실에서 전부 추진하기는 불가능하다는 판단이었다. 구 상무는 위기 극복 T/F 구성을 주장했고, T/F 멤버는 현재 하는 일에서 벗어나 별도 사무실에서 독립적으로 근무할 수 있어야 함을 강조했다. 이런저런 의견을 주고받은 뒤 최종적으로는 T/F를 구성하고 구 상무가 중심이 되어 운영하되, 멤버는 10명 이내로 구 상무가 선발하되 지명된 사람은 무조건 발령을 내기로 확정했다.

많은 기업이 위기를 부르짖지만, 이 위기를 극복하고자 정말 절박한 마음으로 실행에 나서는 조직은 그리 많지 않다. 대부분은 언젠가는 이 위기도 지나가겠거니, 누군가 나서 하겠거니 하는 심정으로 방관한다. 그러나 임원은 누군가의 지시로 일을 추진하지 않는다. 자발적이고 주도적으로 일을 추진하되, 혼자 힘만으로는 결코 해낼 수 없다. 함께 만들어가야만 한다.

당신의 마음속에
대나무가 있는가?

흉유성죽(胸有成竹)이란 말이 있다. 대나무 그림을 그리기 전에 마음속에 이미 완성된 대나무 그림이 있다는 뜻으로, 일을 처리할 때 이미 계산이 서 있음을 비유하는 말이다. 중국 북송의 문인이자 화가인 문동(文同)은 시문과 글씨에도 능했으나, 특히 대나무 그림에서 뛰어났다 한다. 문동의 집은 앞뒤로 대나무(竹)가 우거져 있었는데, 문동이 대나무를 워낙 좋아하여 직접 심고 가꾸었다. 대나무에 대해 충분히 연구하고 관찰한 덕분이었을까. 그가 그리는 묵죽화는 박진감이 넘친다는 평을 들었다. 그러던 어느 날 문동에게 그림을 배우고 싶어하던 한 청년이 문동의 친구인 학자이자 시인 조무구(晁無咎)를 찾아가 문동의 그림에 관해 미리 물으니 조무구가 이르기를 "문동이 대나무를 그리고자 할 때 그의 가슴에는 이미 성죽이 있다"라고 말한 데서 '흉유성죽'이라는 비유가 유래한 것이다.

전략 프로세스를 세울 때도 마찬가지다. 프로세스에 관한 큰 그림이 이미 마음속에 그려져 있어야 한다. 전략(Strategy)이라는 단어는 본래 군의 사령관을 의미하는 그리스어 스트라테고스(Strategos)에서 왔다고 알려졌다. 고대 그리스의 10대 부족은 자신들의 연합군을 통솔할 사령관을 선출했는데 그것이 바로 스트라테고스다. 기원전 490년 마라톤전쟁에서는 스트라테고스가 정치적 통치자를 보좌하는 역할을 했는데, 이때 군대를 통솔하는 전술적 조언보다는 전쟁에서 최종적 승리를 얻을 수 있도록 전투를 관리하는 전략적 조언을 해주었다.

큰 그림을 그리며 기획하고 전체 프로세스를 관리하는 것, 그것이 바로 전략이다. 그러므로 전략이란 결국 누가 그 전략을 짜느냐에 따라 달라질 수밖에 없다. 《이상한 나라의 앨리스》에서 앨리스가 "여기서 어디로 가야 하는지 제발 가르쳐 주세요"라고 물었을 때, 체셔 고양이가 "그건 네가 어디로 가기를 원하느냐에 따라 크게 다르지."라고 대답했듯이 말이다.

이처럼 전략이란 '큰 그림'을 목표로 그리는 일이다. 다시 말해 제품이나 산출물보다는 그 결과나 성과에 초점을 두는 것이며, 성과를 어떻게(how to) 달성하느냐보다는 그 성과가 무엇이어야(what to) 하느냐에 더 관심을 갖는다. 전략계획은 체계적으로 사업의 본질을 파악하고, 장기 목적을 정의하여, 측정 가능한 목표를 도출하고, 그러한 목적과 목표를 달성할 수 있는 전략을 세우고, 그러한 전략을 수행할 자원을 배분하는 지속적 과정을 이른다.

전략계획은 학자나 컨설팅 기관마다 그 정의나 용어, 계획 수립 프로세스가 조금씩 상이하다. 그러나 전략계획의 공통된 목적은 다음 6가지 질문에 대해 답을 얻기 위함이다. 즉 전략계획 수립은 전략목표를 설정하는 과정과 이를 달성하기 위한 실행전략 수립 과정으로 나눌 수 있다.

❶ 왜 이 사업을 하는가? (비전과 미션)

❷ 어떻게 사업을 운영하고 있는가? (가치와 문화)

❸ 현재 어디에 있는가? (환경과 경쟁사 대비 현 위치 분석)

❹ 어디에 서 있고 싶은가? (전략목표 설정)

❺ 어떻게 거기에 도달할 것인가? (실행전략 수립)

❻ 거기 도달했음을 어떻게 확인할 것인가? (전략평가와 실행지표)

임원이 하는 일은 의사결정이다. 그것도 전략적 의사결정을 해야만 한다. 전략적 의사결정을 위해서는 이러한 결정을 내릴 수 있는 체계화된 프로세스가 머릿속에 각인되어 있어야 한다.

감사실
민 상무의 전략

감사실을 총괄하는 민 상무는 요즘 고민이 많다. 조직과 구성원의 성숙도는 꽤 높은 편이지만, 현장에서 아직도 한 달에 1건 이상의 금전 사고 또는 성희롱 사건이 발생하여 감사실원들이 현장조사를 나가느라 너무도 바쁘다.

연초에 민 상무는 감사실은 잘못된 사건·사고의 뒤처리를 담당하는 실이 아니라 사고를 예방하고 사전에 진단하여 궁극적으로는 회사의 사업에 도움이 되도록 조직과 구성원을 '이끄는' 실이라는 방향으로 사고의 전환이 필요하다고 강조했다. 이에 따라 민 상무는 감사실이 가야 할 방향을 크게 3가지로 정리했다.

1단계 전략은 예외를 두지 않는 철저한 적발과 조치로, 이 회사에서는 잘못된 일을 하면 반드시 적발되고 그 누구도 예외가 될 수 없다는 인식을 갖게 하는 것이라고 했다. 사실 민 상무는 감사실장이 된 후 조직장의 부정부패에 더 많은 비중을 두었고 실제로 지난 1년 동안 감사실의 적발로 보직해임된 조직장만 5명이 넘었다. 임원 1명이 사적으로 회사 경비를 사용하여 보직해임된 사건은 전 임직원에게 큰 경종을 주었다.

2단계 전략은 예방 감사였다. 민 상무는 감사실이 만들어진 이후, 수많은 감사 사례를 정리하여 《이럴 땐 어떻게?》라는 사례집을 만들어, 발생할 수 있는 상황에 어떻게 대처해야 하는가에 대한 지침서 역할을 하게 했다. 기존의 사례를 몇 가지 유형으로 구분해 각각의 유형별로 이른바 '찾아가는 서비스'를 제공한 것이다. 현장을 돌며 조직장과 과장 이상급에 대해 감사실의 역할, 유형별 감사 사례, 최근의 감사 동향 및 사건에 관해 설명하는 시간을 가졌다.

3단계 전략은 전 조직을 진단하여 조직별 수준을 파악하고 강한 조직은 조직장 자율에 의해 이끌도록 지원하고, 문제를 내포한 조직과 조직장에 대해서는 사내 컨설팅 형태의 심층적 진단과 방안 제시를 통해 획기적으로 변화시키는 전략이었다. 이를 위해 민 상무는 먼저 감사실원들의 역량 수준이 우수해야 함을 강조했다. 내부 컨설팅을 수행할 수 있을 만큼의 진단지 작성과 인터뷰 역량이 요구되며, 자료를 조사하고 분석하는 능력, 대안을 도출하고 최적안을 찾아내는 능력이 필요했다. 무엇보다 자신이 하는 일이 회사와 수감 조직을 위해 하는 일이라는 마음가짐을 가져야 했다.

그런데 최근 발생된 사건·사고를 보면서 실원들은 "현 수준에서는

2단계 사전예방 감사도 어렵다"라고 이야기한다. 현장에서 발생되는 사건·사고에 대해 "더 높은 수준의 징계를 통해, 그런 일을 해선 안 된다는 의식을 심어줘야 한다"라는 강력한 주장을 편다. 민 상무는 "최근의 사건들이 우리를 힘들게 하고, 우리 실이 나아가야 할 방향에 부담이 되는 것이 사실이다."라고 인정했다. 그러나, 우리 감사실이 적발하는 역할, 냉정한 심판자가 되어 두려운 조직으로 군림해 타 조직 및 구성원들로부터 외면을 받게 되면 곤란하다, 감사실원들은 조직 및 구성원들이 한 단계 높은 수준의 일을 해내도록 이끄는 역할을 해야 하며, 이를 위해 일의 본질을 찾고 프로세스를 보다 정교히 하며, 올바른 판단을 내리는 실의 역량을 키워가야 한다고 거듭 강조했다.

얼마 전 민 상무는 실의 허리 역할을 담당하는 이 과장을 외부 컨설팅 회사에 6개월간 교육 파견을 보냈다. 컨설팅을 직접 수행해 보면서 진단 및 컨설팅 전반의 지식을 쌓게 하기 위함이었다. 또한 실원들을 크게 2개 조직으로 분류하여 직무역량 수준이 낮은 집단에 대해서는 예방감사 연구회, 직무역량 수준이 높은 집단에 대해서는 진단과 컨설팅 연구회를 만들어 자율적으로 운영하도록 하되, 매달 마지막 금요일 오후에는 전체 구성원이 모여 월간 주제 발표 및 학습 내용 공유의 시간을 갖기로 했다.

민 상무는 감사실이 진단하고 컨설팅을 수행하는 수준에 이르는 일이 하루아침에 가능하지는 않다는 점을 잘 알고 있다. 그러나 감사실이 회사와 사업에 기여하려면 먼저 감사실의 역량 수준이 더 높아져야 하며, 이를 기반으로 타 조직 및 임직원의 사고 전환과 일하는 방식에 직접적 영향을 주는 감사 업무를 수행해야 한다고 확신한다. 이 과장이 컨설팅 회사에서 배운 진단지 작성 요령과 전략 컨설팅 매뉴얼을 만들어 실의 학습조직에서 발표하고, 실원들에게 성희롱 예방 진단지를 함께 설계하는 모습을 지켜보았다. 이 과장은 금번 성희롱 예방교육 시 학습조직에서 설계된 진단지로 우리 회사의 수준, 교육의 효과, 향후 중점을 둘 과제를 뽑겠다고 한다.

변화의 방향을 읽고 전략을 수립하고, 현재 문제를 해결하기에 급급해하는 것이 아닌 예방과 새로운 프로젝트를 창출하려는 민 상무가 견지하고자 했던 이와 같은 마음가짐, 그것이 바로 임원이 가져야 할 마음가짐이다.

사업 따로
전략 따로?

　전략팀 강 이사는 CEO가 찾는다는 비서실의 전언에 급히 수첩을 들고 엘리베이터를 탔다. 잠시나마 무슨 내용으로 부르는 것일까 생각을 해본다. CEO는 강 이사에게 회사의 핵심인재가 누구냐고 묻는다. 강 이사가 대답을 주저하자 CEO는 "현재 회사에 핵심인재는 있으나 누구인 줄 모르고 유지 관리를 하지 않으니 미래 경쟁력이 약화될 가능성이 높다. 핵심인재 선정과 유지 관리를 위한 방안을 만들어보라"라고 지시한다.

　강 이사는 우선 회사가 필요로 하는 핵심인재가 누구인지 정의해보고자 논의를 시작했으나, 경영진이나 임원진 사이에서도 의견이 분분했다. 그래서 강 이사는 핵심인재의 기준을 마련해 각 사업본부별로 어떤 핵심인재를 원하는가를 살펴보기로 했다.

　각 사업본부가 내놓은 핵심인재에 대한 정의와 유형을 살펴본 강

이사는 충격에 빠졌다. 회사는 3년 후 생산설비를 인도로 이전할 계획인데 그러한 장기적 비전에 대한 고려가 전혀 없이 단지 현재 수준의 핵심인재에 대한 요청만 있었다. 즉, 3년 후 인도에서 생산이 이루어지는 데 따른 전략적 고려가 전혀 없었다. 글로벌 전략을 전개해야 할 마케팅본부는 여전히 국내시장 확대 전략에 기초해서만 핵심인재를 정의하고 있었다. 무엇보다도 경영지원본부의 핵심인력은 홍보 담당 임원이었다. 정부와 언론을 담당하는 핵심인력이 필요하다는 요청이었다. 더욱 당황스러운 점은 미래 먹거리를 창출하는 R&D본부의 신사업 또는 신제품 전략을 수행할 핵심인재군이 하나도 없다는 점이었다. 강 이사는 핵심인재를 경영 핵심인재와 사업 핵심인재로 구분하고, 경영 핵심인재를 위해서는 예비팀장부터 엄격한 기준으로 선발하여 철저한 유지관리로 경영진을 미리미리 육성해야 한다는 생각을 갖고 있었다. 그리고 사업 핵심인재는 해당 직무에 관해 세계적 수준의 직무역량을 갖춘 이들로서 외부 전문가와의 네트워크가 원활하고 직무 수행자들을 교육할 수 있는 사람들, 그리하여 이들이 떠나면 회사에 큰 손해가 되는 사람들이라고 생각했다. 그러나 미래 먹거리가 될 만한 신사업이나 신제품을 연구하는 R&D본부에는, 바로 이런 관점에서 핵심인재라 할 만한 사람이 단 한 명도 없었다.

강 이사는 CEO에게 중간보고를 통해 회사 전략과 연계된 핵심인재제도를 구현하려면 경영진의 전략적 마인드 워크숍이 먼저 필요함을 역설했다. 경영층이 회사 전략과 연계된 사업부 전략을 수립하고, 사업부 전략에 따른 방안이 실행되는 게 순서인데, 사업부 전략도 없고 실행방안 또한 전략과 연계되기보다는 지금까지 해온 과제의 연장선상에만 머물렀기 때문이다.

강 이사의 보고에 CEO 역시 분석 결과에 실망한 듯 "왜 우리 경영진은 사업 따로 전략 따로냐?" 하며 한숨을 내쉬었다.

강 이사의 제안으로 열린 '경영진 끝장 워크숍'에서 CEO는 핵심직무와 핵심인력 과제의 추진 배경과 필요성, 회사의 업의 본질에 맞는 핵심직무와 핵심인력에 대한 정의와 필요역량을 구체적으로 설정하여 금번 워크숍에서 끝장을 내어 회사의 지속성장에 기여해 달라고 당부했다.

강 이사는 경영진 끝장 워크숍의 틀을 4가지로 설명했다. 첫째, 10년 후 각 사업부는 어떤 사업구조로 변화되겠는가? 둘째, 이러한 사업구조가 되기 위해 가장 중요한 핵심직무와 역량이 무엇이냐? 셋째, 현재 있는 직원이 이러한 핵심직무와 역량을 보유하고 있느냐? 있다면 누구인가? 내부 인력을 키워 달성할 수 있는가? 넷째, 없다면 외부에서 영입해야 하는데, 어느 핵심직무의 어떤 역량, 몇 명을 어느 시기에 뽑아야 하는가를 결정하여 CEO에게 사업본부장이 발표토록 했다. 금번 경영자 워크숍에서 결정되지 못하자 CEO는 2주 후 다시 워크숍을 실시하기로 했다. 2번째 워크숍에서도 사업부장 간의 협의가 없어 전사적 관점의 핵심인재 선정이 되지 않았다. 강 이사는 사업본부장 소미팅을 거듭한 후 5번째 워크숍에서 10년 후 회사의 바람직한 사업의 모습과 이를 달성해 나갈 10년의 로드맵과 핵심직무 및 핵심인재를 확정할 수 있었다.

임원은 회사의 사업의 본질, 조직의 강약점, 회사의 재무 현황을 꿰뚫어 전사적 마인드를 갖고 있어야 한다. 당면한 직무에 몰입하는 것도 중요하지만, 10년 후 회사의 경쟁력이 될 만한 사업 및 인재에 대해 타 사업부와의 부단한 소통을 해야 한다. 현재의 이슈 해결도 중요하지만, 다가올 위기와 새로 창출한 과제 등을 사전에 고민하고 추진하여 회사가 지속성장을 해나가도록 이끌어야 한다.

이 안(案)이
최고인가?

임원은 어떤 일을 하는 사람인가? 임원에게 요구되는 역할은 '의사결정'이다. 의사결정은 곧 조직의 경쟁력이기도 하고, 구성원 역량 강화의 기초가 되기도 한다. 그만큼 중요한 일이다. 두터운 보고서를 들고 보고하는 직원의 설명을 하나하나 다 경청한 뒤 임원은 의사결정을 내린다. 문제는 시간이다. 임원에게 주어진 시간은 늘 제한적이다. 임원은 두터운 보고서를 쥔 채 2가지 질문을 해보고 나서야 마침내 의사결정을 한다. "이 일을 통해 얻고자 하는 바가 분명한가?" "이 일이 회사에 얼마나 이익을 창출하는가?" 보고하는 담당자가 두 질문에 거침없이 대답하면 그의 표정과 자신감을 믿고 보고서를 승인해 줘도 된다. 만약 담당자가 주저한다면, 그 두터운 보고서는 굳이 들여다볼 필요도 없다.

20년 전 컨설팅을 하면서 만난 A사장의 말이 잊히지 않는다. 초등학교 졸업이 최종 학력인 A사장은 "보고서를 보기 전, 가져오는 직원의 눈과 음성만으로 그 내용과 수준을 평가한다"고 했다. 보고서에 자신이 있는 담당자는 그만큼 확신에 차서 보고하지만, 자신이 없는 사람은 어딘지 모르지만 불안해한다.

구 상무는 업무에 임할 때면 늘 5가지 질문을 스스로에게 던진다.

❶ 이 일을 더 효과적으로 잘해낼 방법은 없는가?
❷ 지금 내가 하고 있는 업무 처리 방식이 가장 이상적인가?
❸ 지금 시장은 어떤 방향으로 가고 있고 내년에는 어떻게 변할 것 같은가?
❹ 내가 고객이라면 어떤 제품을 원할까?
❺ 내가 이 일을 추진한다면 경쟁사는 어떤 반응을 보일 것인가?

결과도 중요하지만 과정도 중요하다 그러나 구 상무처럼 자기만의 의사결정 기준을 가진 관리자는 그리 많지 않다. 대다수 관리자는 "당신의 역할이 무엇이냐"라는 질문을 받았을 때 그저 자신이 현재 하고 있는 일을 이야기한다. 또, "일을 잘하는 비결이 있느냐" 하고 물으면 묵묵부답이다. 지금까지 해온 방식대로 그저 습관처럼 하는 것이다. 방향도 없이 전략도 없이 해오던 데로 그저 열심히만 한다면, 그 조직과 구성원의 발전과 성장은 결국 제한된 수준일 수밖에 없다. 항상 묻고 또 물어야 한다. 지금 내가 하고 있는 생각이 최고의 생각인가? 지금 내가 하는 방식이 최고인가? 경쟁자 또는 경쟁사는 어떻게 할까? 고객의 니즈를 뛰어넘어 그들이 감동하게 할 수 있을까?

　자신이 하는 일이 높은 수준의 역량을 필요로 하고 각 단계별로 완벽하게 추진해야만 최선의 결과가 창출된다는 것을 깨달아야 한다. 이제는 '이 일을 끝냈다'가 기준이 아닌, '세계 일류 기업의 잣대에서 통할 수 있는지', '세계시장을 리드해 나갈 수 있는지'를 기준으로 평가를 해야 한다. 다른 사람의 평가보다 중요한 것은 스스로 자신의 일에 대해 냉정한 평가를 내리는 것이다. 지금 최선을 찾아내야 한다. 그래야 미래에 더 중요하고 큰 일이 주어진다는 점을 임원은 잊어서는 안 된다.

김 상무는 팀장 때부터
자신만의 전략이 있었다

인재개발원 원장으로 근무하면서 박수를 받는 강사들의 특징을 살필 기회가 있었다. 이들에게 왜 강사가 되었는가? 강의를 하면서 가장 강조하는 것이 무엇인가를 물어보았다. 이들은 공히 자신은 신입사원 때를 제외하고 누가 시켜서 하는 일은 하지 않했다고 한다. 일정 기간이 지나면 자신이 세운 계획에 의해 상사를 설득해 가며 일을 했다고 한다. 강사가 된 것은 한순간의 결정이 아닌 직장생활을 하면서 자신의 경험과 지식을 체계화하여 공유해야 한다는 자신만의 생각이 있었기에 내린 선택이었다고 한다. 확고한 철학과 오랜 준비가 밑바탕이 되어 있으니, 훌륭한 강의가 될 수밖에 없다.

어느 날, 우연히 일본 인기 칼럼니스트의 퇴사결정에 대한 기사를 보았다. 뛰어난 직장생활을 하면서 아사히 신문사의 편집위원이자 인기 칼럼니스트인 '이나가키 에미코'씨가 자신의 칼럼을 통해 퇴사결정을 발표한 내용이었다. 10년 전부터 좋은 학교에 들어가 좋은 회사에 입사하면 된다는 생각을 가졌던 그녀는 열심히 일을 했지만, 지방근무 발령을 받게 되었고 이것이 인생을 바꾸는 계기가 되었다고 한다. '어딜 가나 같은 상황이 반복될 것이고 회사를 바꾸는 것이 아닌 자신을 바꿔야 한다.' 이 생각으로 그녀는 일을 시켜서 하기보다는 먼저 제안을 했고 욕심을 버리고 월급 없는 삶을 대비했다고 한다. 과연 스스로 일을 만들어 즐기고, 자신의 일을 자신이 이끄는 사람은 몇 명이 될까?

김 상무는 지독한 일벌레로 소문이 자자하다. 그 누구도 김 상무가 언제 출근하는지 모르고, 매일매일 김 상무가 지시하는 일과 아이디어를 처리하느라 각 팀은 정신이 없다. 김 상무는 하루에 6가지 일을 정해놓고 순서에 따라 팀장과 담당자를 불러 진행 상황을 점검한다. 새로운 일 또는 아이디어를 주면서 검토를 요청하는데 김 상무가 제시하는 마감 날짜가 항상 살인적이다. 그럼에도 불구하고 각 팀에서 준비하거나 끝낸 결과물이 많은데, 김 상무가 깜짝 놀랄 만큼 획기적인 방식으로 일의 방향을 잡아주고 꼼꼼한 코멘트를 해준 덕분이다. 김 상무는 일을 지시할 때 항상 일을 통해 얻고자 하는 큰 그림을 그려주며 프로세스를 중심으로 분명하게 의사결정을 해준다. 직원들이 생각할 때, CEO가 분명 반대할 것이라고 예상되는 보고서를 가져가서도 결국 승인을 받아 온다. 재무본부에서 지원하지 않을 것이 확실해 보이는 사안이라도, 김 상무가 가져가면 합의를 받아 온다.

비결은 무엇일까? 김 상무는 일을 잘하는 것도 중요하지만, 함께 일하는 사람과 평소 맺어둔 관계가 더 중요하다고 생각한다. 김 상무는 입사 초기에 멘토로부터 2가지 큰 교훈을 얻은 바 있다. 그중 하나는 "언제 어디서나 누구에게든 회사, 함께 일하는 동료, 회사가 만드는 제품, 자신이 하는 일에 대해 절대 나쁜 이야기를 하지 마라"라는 조언이었다. 김 상무가 다른 사람들과 어울리며 좋은 품성을 갖고 있다고 평가받는 데 가장 큰 영향을 미친 교훈이다.

다른 하나는 "항상 10년 후를 생각하고 준비하라"라는 말이었다. 김 상무의 멘토는 신입사원 시절 선배로부터 외부 지인 5명을 소개받았다고 한다. 은행원, 사무관, 기자, 시간강사 그리고 환경단체 신입사원이었다. 10년이 지나고 20년을 지나면서 만남을 지속하다 보니 함께 나이 들며 직위도 올라가 서로에게 도움이 되는 사이로 발전해 나갔다고 한다. 즉, 10년 후 어떤 모습이 될 것인가를 명확히 하고 지금부터 하나하나 차근차근 미리미리 실행해 가라는 선배의 지도가 큰 도움이 되었다.

김 상무는 매년 이력서를 수정한다. '10년 후 자기 모습'을 상상하며 이력서 한 줄을 고쳐 쓰기 위해 끊임없이 노력한다. 김 상무는 한 직급이 오를 때마다 1년 특별승진을 했다. 하지만 그의 이러한 발탁 승진에 대해 주위에서 불만을 갖는 사람은 없었다. 동기들

보다 3년 먼저 팀장이 되었고, 동기 팀장보다 2년 먼저 임원이 되었지만, 모두들 김 상무를 질시하기보다는 그가 도움을 요청할 때마다 기쁜 마음으로 지원한다. 심지어 그들은 말로 표현은 안 해도, 이왕이면 김 상무 같은 사람이 회사의 미래 CEO 후보가 되었으면 하는 기대감마저 갖고 있다.

10년 후 자신의 모습을 상상하며 목표를 정해 지금 악착같이 준비하고 있는가? 임원이 되기는 쉽지 않다. 임원은 10년 앞을 내다보는 선견과 자신만의 전략을 갖고 부단한 노력으로 성과를 내지 않으면 안 된다.

2장

의사결정

길게 멀리 보며
의사결정을 하는가?

망하는 조직은 조직장의 입만 바라본다

B기업의 HR혁신팀은 '회사의 병폐'에 관한 조직문화 설문을 실시했다. 설문은 각 사업부별로 과장 2명씩을 뽑아 총 20명을 대상으로 "회사의 병폐가 무엇인가?"라는 질문을 던지는 것으로 시작했다. 2시간에 걸쳐 100여 건의 병폐가 제시되었고 그중에서 심각성과 긴급성을 중심으로 각자 10가지 병폐를 도출하게 했다. 병폐를 최종 20건으로 확정하고, 이 20건의 병폐에 대해 전 임직원을 대상으로 확대 설문조사를 실시했다.

최종 결과를 가지고 대리 이하, 과장~부장, 팀장, 임원 계층별로 설문 내용을 분석하니 병폐에 대한 인식의 격차가 심했다. '부서 및 개인이기주의'가 전체 긍정응답률 67% 수준으로 가장 높았는데, 부장 이하 팀원은 75%였고, 임원들도 40% 이상이었다. 충격적인 조사 결과도 있었다. '원칙을 지키라고 하는데 본인은 지키지 않는다'

에 대한 긍정응답률이 전체적으로는 50% 이상이었는데, 팀장 이상의 긍정응답률은 20% 미만에 불과했다. '잘못된 일에 대해 책임지지 않는다'라는 설문에 대해서도 긍정응답률이 전체적으로는 45%가 넘었으나 팀장 이상은 20% 미만이었다. '앞과 뒤의 이야기가 다르다'도 전체 구성원의 긍정응답률 43% 이상이었으나 팀장 이상은 매우 낮았다. 더욱이 '우리 회사는 성과와 역량보다 상사와의 관계에 의해 평가가 좌우된다'에 대한 긍정응답률은 전체적으로 무려 63%를 넘었다.

모든 조직장은 직원들이 자발적이고 도전적으로 일을 추진하며 성과를 창출해 주기를 기대한다. 하지만 직원들은 어떤 일을 실행하기 전에 우선 상사의 언행을 살핀다. 상사의 말과 행동을 보며 일을 추진할 뿐 웬만해서는 자발적이고 주도적으로 일을 추진하려 들지 않는다. 실패에 대한 두려움 탓도 있지만, 상사가 원하지 않는 일은 하고 싶지 않아서다. 이러다 보니 그저 시키는 일만 잘하는 직원들을 양산하게 된다.

또한 상사가 모범을 보여주지 않으면 움직이려고 하지 않는 직원들도 많다. K실장은 끔찍한 경험을 이야기한다. 직원 한 명이 개인 면담을 요청하더니 이런 조언을 했다는 것이다. "실장님께서는 이곳이 처음이라서 이곳 문화를 잘 모르시는 듯합니다. 높은 목표를 설정하고 주도적으로 추진하라는 말씀에는 공감하지만, 아무도 움직이지 않을 겁니다. 이곳은 안정적으로 지내다가 정년퇴직으로 나가는 것이 모든 구성원들의 희망 사항인데 왜 실패할 경우 누구도 책임지지 않는 도전적인 업무를 수행하겠습니까? 실장님은 내년에 이 조직을 떠날지도 모르는데, 어려운 과업을 수행하다 끝내지 못하면 100% 낮은 평가를 받을 것이고 그 평가가 정년퇴직 여부에 영향을 주게 됩니다. 말로만 해서는 안 되고 구체적이고 책임지는 모습을 보여줘야 합니다. 직원들은 계속 실장님이 어떻게 하는가를 지켜보다가 이전 실장과 별반 다르지 않다고 판단된다면 직원들 역시 변하지 않을 것입니다. 실장님이 지속적으로 보여주는 행동이 중요하며, 전부 실장님만 바라볼 테니 언행에 주의하세요." 다른 회사에서는 말도 안 되는 조언이지만, 이 회사에서는 굉장히 용기 있는 행동이었으며, 그나마 정이 있으니까 나름의 조언을 해준 것이라고 한다. 그러나 이는 망해가는 회사의 전형적 모습이다.

조직 구성원들이 조직장의 입만 바라보는 조직은 망한다. 조직장의 지시가 없으면 처음에는 어쩔 줄 몰라 하다가 어느 순간 익숙해진다. 그러다 나중에 정작 일을 지시하면 힘들어한다. 이미 편안함에 길들어 업무량 증가에 대해 "왜 나에게만 이렇게 업무를 주느냐" 하며 불평한다. 자기 몫조차 해내지 못하는 직원도 자신은 열심히 일하고 있다고 착각을 한다. 고참들 나름대로 자신들은 청춘을 다 바쳤다고 주장한다. 어릴 적에는 후배들이 선배 몫까지 해줬는데 요즘 젊은 직원들은 일도 못하지만 자기 코앞의 일만 겨우 한다고 불평한다. 조직장의 지시가 따로 없으면 대충 일하는 시늉만 한다. 성과가 높지 않은 것은 자기 탓이 아니라 과업을 정하고 목표 수준을 이끌어내지 못하는 조직장 책임이라고 생각하고 또 그렇게 말한다. 현장의 오랜 경험에서 오는 지식과 스킬 그리고 일의 성과를 올리는 방법의 공유가 조직 내에서 전혀 이루어지지 않는다. 고참들도 오래 근무했다는 것을 제외하면 배울 것이 없다. 망하는 것이 당연하다.

임원의 일은 '의사결정'

전경련 리더십 강의를 하는 중이었다. 청중 가운데 한 사람이 "임원의 일은 무엇이냐?" 하고 묻는다. 통상 임원의 역할을 묻지, 일을 묻는 경우는 처음이었다. 좋은 질문이라고 언급하면서 참석한 다른 사람들에게 임원의 일이 무엇이라고 생각하는지 되물어보았다. 비전 수립, 이익 창출, 조직의 목표 달성, 구성원들이 성과를 창출하도록 이끄는 것, 목표·과정 관리 등 다양한 의견이 나왔다. 그러나 그중 가장 중요한 '일'은 나오시 않았다. "임원이 해야 할 일은 '의사결정'입니다"라고 말하자, 그제야 다들 수긍하는 분위기다.

임원의 일이 의사결정이라면, 어떤 의사결정을 어떻게 해야 할까? 아침에 일어나서 밤에 잠자리에 들 때까지, 임원은 대체 몇 번의 의사결정을 할까? 모르긴 해도 100번은 넘을 것이다. 수많은 의사결정 사안 중 일상적이고 사소한 사안을 제외하고, 회사와 개인에게 큰 영향을 줄 수 있는 사안에 대해서는 어떤 기준을 가지고 의사결정을 해야 할까?

김 상무는 의사결정을 할 때 4가지를 명심한다. 첫째, 모든 사안에 대해 얻고자 하는 바가 무엇이며 어떤 이익을 주는가를 분명히 한다. 둘째, 전사 관점에서 일이 바람직하게 추진되었을 때의 모습과 이렇게 되기 위한 프로세스 및 프로세스별 중점 내용을 구체화한다. 셋째, 사안을 둘러싼 제반 상황을 수집하고 분석하여 중요성과 긴급성을 양 축으로 사안들을 정리한다. 넷째, 사안과 이해관계 및 영향을 줄 수 있는 의사결정자를 모두 한 장소에 집결해 여러 사안에 대한 검토 의견을 나누고 토론하면서 추진 부서 및 일정을 확정하고 무엇보다 실행에 역점을 둔다.

지금까지 김 상무가 일 처리를 하면서 독단적으로 결정하여 보고하고 추진한 사안은 한 건도 없다. 매 사안에 대해 그 방향과 골격을 상사와 토의하거나, 담당 팀장 및 담당자와 함께 구체적인 해결방안을 모색한다. 내부에서 해결방안이 도출되지 않으면, 외부 전문가와 함께하는 연구 모임에 안건을 올려 그들의 조언을 듣는다.

김 상무가 의사결정을 하면서 경계하는 점은 2가지다. 하나는 전사적 관점에서 의사결정을 해야 하는데 부서와 개인의 이기(利己)에 따라 의사결정이 이루어지는 것을 극도로 경계한다. 의사결정은 회사의 지속성장을 위해 전사 이익을 따르는 것이 기본인데, 회사와 조직 입장이 상반되는 경우에 많은 임원은 갈등을 겪게 되고 결국 조직과 개인의 이기를 선택한다. 숫자가 부풀려지고 허위보고가 이루어지거나, 열심히 한다고는 하지만 회사 이익에는 전혀 기여가 되지 않는 일에 매진하는 경우도 있다. 또 하나는 의사결정의 효율성이다. 이를 위해 김 상무는 임원이라면 담당자에게 일을 부과 시 3가지는 갖춰야 한다고 강조한다. 바람직한 모습, 큰 골격(프로세스), 프로세스별 중점사항이다.

한편, 의사결정을 할 때는 그 일과 관련된 사람과 영향을 주는 사람들을 한곳에 머물게 하여 바로 그 장소에서 최종 결정을 내도록 해야 한다. 담당자가 전략부터 방안까지 그 모든 것을 혼자 수립하는 것은 옳지 않다. 그렇다고 관련되었거나 영향을 미치는 모든 임원을 일일이 찾아가 합의를 받아낸다는 것도 비효율적이며 엄청난 고역이기도 하다. 그러므로 임원은 길고 멀리 내다보면서 전사적 관점에서 영향을 주고받는 임원들을 한데 모아 열띤 토론을 통해 최적의 결론을 도출해 내 이를 추진하는 사람이다.

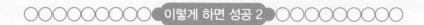

익숙함에서 벗어나라

후배의 상무 승진

직장에서 종종 역전이 일어나는 경우가 있다. 신입사원 멘티였던 후배가 금번 상무가 되었다. 이름을 부르며 업무를 가르쳤던 후배가 과장과 차장 특진을 하고 부장은 동시에 승진했다. 함께 부장 승진자 교육을 받으면서 생각이 깊고 행동이 빠름을 느낄 수 있었다. 같은 건물에 있었지만, 타 팀에 있었고, 담당하는 업무가 달라 그가 일찍 출근하며 중요한 과업을 잘 수행하고, 곤란한 일이 생겼을 때는 물론 팀 공동의 업무를 적극적으로 수행한다는 정도로만 알고 있었다. 부장 승진자 교육에서 타 조에 속했지만, 조의 발표를 도맡아 하며 조원들의 협력을 이끌어내는 모습이 대단하다는 생각이 들었다. 12월 부장 승진을 한 지 1년밖에 되지 않았던 후배가 3명의 부장을 제치고 상무로 선임되었다.

상무인사가 있던 날, 신임 상무는 환영 회식을 하기 전에 멘토였던 김 부장을 찾아가 도와 달라는 부탁을 한다. 김 부장은 40대 중반으로 갈 곳도 없고, 지금까지 한 부서에서 한 업무만 했기 때문에 다른 직무를 한다는 것이 부담되었다. 축하한다고 말하고 담당하는 업무에 문제가 없도록 잘 수행하겠다고 했다. 하루 종일 왜 회사는 후배를 상무로 선임했을까? 나는 왜 대상에도 포함되지 않았을까? 고민을 하게 되었다.

익숙함이 주는 병폐

하나의 실험이 있다. 사면이 바다인 섬에 원숭이들이 살고 있었다. 섬에 먹을 것이 부족해 해변에 고구마를 갖다 주었다. 사람이 가면 원숭이들은 고구마를 갖고 숲 속에 가 흙을 털어먹었다. 수십 년 넘게 이러한 행동이 반복되었다. 어느 날, 한 어린 원숭이가 해변에 놓인 고구마를 바닷물에 씻어 먹었다. 흙이 물이 씻겨 지근거림이 없었고 바닷물이 조화되어 맛이 좋았다. 이후 많은 원숭이들이 고구마를 바닷물에 씻어 먹었지만, 나이 많은 원숭이는 끝까지 고구마를 털어먹었다. 털어먹는 것이 익숙했기 때문이다.

시골에서 음식을 하는 할머니들을 보면, 주방 구조에 맞지 않는 몇십 년 넘은 주방도구를 사용한다. 여러 문명의 이기가 있지만 손으로 직접 만드는 것을 선호한다. 아끼는 마음도 있지만 익숙하기 때문 아닐까? 익숙함은 마음을 편하게 한다. 당연하다는 생각에 의심을 하지 않는다. 때문에 새로운 아이디어와 혁신적 방법을 생각하게 하는 데 익숙함은 큰 어려움이 된다.

한 직무를 오랫동안 해온 직원은 그 직무에 능숙하다. 지금까지 해왔던 프로세스와 방법을 고수하게 된다. 아니 다른 프로세스와 방법을 생각하는 것이 쉽지 않다. 익숙해져 있기 때문이다. 나만이 이것을 이렇게 잘할 수 있다는 자만에 빠지는 경우가 많다. 그러므로, 익숙함에 머물러 있는 직원은 그 순간은 편하지만, 그것이 미래 성장에 큰 한계가 된다. 멘티였던 후배가 상무가 된 이유도 중요하지만, 오래 한 부서에서 한 직무를 수행한 부장이 상무가 되지 못하는 이유를 아는 것이 더 중요하다. 회사는 지금까지 일을 잘해왔기 때문에 상무 또는 임원의 역할을 맡기는 것이 아니다. 상무 또는 임원이라는 새로운 역할을 잘 수행해, 조직과 구성원을 하나로 뭉치게 하고 성장하게 하며 성과를 창출할 수 있는 사람에게 맡긴다. 익숙한 것을 잘하는 직원이 아닌 새로운 것을 찾고 변화와 혁신을 이끌어 갈 수 있는 직원을 선발한다.

어떻게 익숙함을 벗어나 일 잘하는 직원이 될까?

익숙함이 다 나쁜 것은 아니다. 다만 익숙함에 빠져 일 처리 방식이 하나의 관행으로 굳어지는 것을 경계해야 한다. 매너리즘에 빠지지 않으려면 환경의 변화, 생각과 행동의 전환이 필요하다. 의도적으로 주변 환경을 바꿔 보거나, 여행 등을 통해 낯선 환경을 접해

보는 것도 좋다. 지금까지 해 왔던 생각의 틀을 바꾸는 것도 권하고 싶다. 익숙한 곳과 음식 등을 선호하기보다는 가지 않은 길을 가기도 하고, 낯선 곳에 가서 처음 접하는 음식을 먹어 보는 것은 어떨까?

익숙함에서 다 벗어날 수는 없다. 익숙한 것 중 살아가며 큰 도움을 주는 생각과 행동은 계승하여 토대가 되도록 해야 한다. 그러나 현재에 머물게 하고 정체시키는 요인들은 찾아내 바꿔 나가야 한다. 새로운 틀, 생각, 행동을 접목시켜야 한다. 전문가를 만나고 책을 통해 무엇이 익숙한 것이며, 새롭게 찾아야 할 가치가 무엇인가를 찾아야 한다.

일을 하면서 몇 가지 권하고 싶은 원칙이 있다. ① 아침에 그날 해야 할 6가지를 정하는 것이다. 해야 할 6가지는 기존에 해왔던 일도 있지만, 항상 새로운 가치와 성과를 생각하며 정하려는 노력이 중요하다. ② 한 번에 하나씩 끝까지 마무리하는 것이다. 동시에 두세 가지 일을 하는 직원이 있다. 매우 바쁘고 정신이 없어 보인다. 하지만, 성과를 보면 높지 않다. 이런 직원들이 하루 일과를 마치며 되풀이하는 말이 있다. '오늘 열심히 하긴 했지만, 무엇을 했는지 모르겠다'. 한 번에 하나씩 가장 중요한 일을 끝까지 마무리하고 잠시 쉬어라. 그다음, 다음 중요한 일을 시작하는 것이다. ③ 미루지 말고 즉각 행동한다. 미루는 습관을 없애는 것이다. 미루는 습관을 없애는 가장 좋은 방법은 하나 둘 셋을 센 후 즉각 행동하는 것이다.

목표와 거창한 계획을 세워놓는 것도 중요하다. 하지만, 실행이 없으면 성과는 없다. 지금 당장 실행하는 것이 중요하다. ④ 일의 의미와 본질을 알고 이기는 습관을 가져라. 이기는 습관을 가진 사람들은 자신이 하는 일의 의미와 성과를 분명히 한다. 본질에 집중하면서 무엇이 가치와 성과를 올리는가를 고민하며 실행한다. ⑤ 아니라고 생각되는 것은 빨리 포기한다. 이 방법이 아니라고 생각이 들 때가 있다. 자신이 하고 있는 일에 대해 '왜 이렇게 할까? 더 효과적인 방법은 없을까? 고객은 어떻게 판단할까?' 등의 질문을 해야 한다. 아니라고 생각이 들면 포기하는 용기가 필요하다. 포기해야 할 시기임에도 여건, 역량, 성과, 망설임 등의 이유로 일을 지속해 망한 기업과 사람은 수없이 많다. 아닌 것은 빨리 포기하고, 절대 포기해서는 안 될 것은 그 어떠한 역경이 있어도 지켜야 한다.

100년 후 회사는
어떻게 될 것인가?

　　김 사장은 임원 전원을 대상으로 1박 2일의 임원워크숍을 실시했다. 워크숍의 주제는 '생존' 단 하나였다. 50명의 임원을 10개 조로 구분하고, 각 조는 1박 2일 동안 생존이라는 키워드를 중심으로 토론하고, 토론 결과를 PPT 15매로 작성해 보고하는 것이 워크숍에서 이루어지는 교육 내용이었다. 임원들에게 알려준 것은 조 편성과 분임장, 식사 시간, 숙소, 발표 장소 및 조별 발표 시간이 전부였다. 그 이외의 시간 배분은 조별로 알아서 하라고 했다.

　　회사는 10년 내리 성장이 정체되거나 매출과 이익이 감소되고 있는 상황이었다. 최근 출시된 제품들은 성공을 이끌어내지 못했고, 기존의 인기 제품도 점차 경쟁사에 잠식당하는 추세였다. 회사 제품에 대한 고객 반응도 냉담했다. 심한 경우, 그런 제품이 있느냐고 묻거나 그 제품이 이 회사 것이었느냐고 묻는다. 10년 전에 비해 매출이 30% 넘게 떨어졌음에도 회사 내부에서는 절박함이 없다. 모두들 입만 열면 위기라고 외치지만, 위기의 근본 원인을 진지하게 고민해 명확히 파악하고 이를 개선하기 위한 방안을 추진하는 사람이 없다. 열심히는 한다지만, 매출이나 이익이 개선될 기미는 좀처럼 안 보인다. 이에 김 상무가 임원워크숍을 제안하게 된 것이다.

워크숍 내용이 매우 타이트한 데다 최근 회사 상황이 썩 좋지 않기 때문에 워크숍에서 많은 질책이 있으리라는 예상을 깨고 조별로 자유롭게 토론하고 발표하라는 말에 임원들은 금세 긴장을 풀었다. 어느 조는 신참 임원에게 네가 하라는 식으로 맡기고 정작 자신은 골프를 주제로 잡담이나 하고 있다. 어느 조는 처음부터 아예 풀어져 있어 긴장감이라곤 전혀 보이지 않는다. 그 이외에도 대부분은 업무만으로도 바쁜데 쓸데없는 주제로 임원들의 귀한 시간을 뺏는다는 식의 불평으로 토론 시간을 허비한다.

그러나 구 상무가 속한 조는 분위기가 달랐다. 전략·재무·마케팅·영업·제조 임원으로 구성되었다는 것부터 눈에 띄었다. 우선 구 상무는 "10년 후 우리 회사가 어느 수준에 가야 하는가?" "지금 어느 상황인가?" "갭(Gap)을 타파하려면 어떤 전략과 방안이 필요하며, 매년 로드맵에 무엇을 담을 것인가?" 등등의 큰 틀을 중심으로 세부적 데이터를 모아 분석해 10년 후의 장기적 생존전략을 마련하자는 데 임원들의 합의를 도출해냈다. 이들은 자기 분야에서 쌓은 지식과 경험, 자료를 공유하고자 사무실에 연락하는 등 갖가지 수단을 총동원하여 '10년 후 생존전략'을 작성하였고 발표는 구 상무가 맡았다.

다른 조들은 거창한 구호와 명확한 근거 없이 허황된 계획을 발표했으며 실무자가 2시간이면 해낼 수 있는 수준의 방안이 제시되었다. 반면 구 상무는 발표에 앞서 다음과 같은 8가지 질문을 했다.

❶ 10년 후 우리를 먹여 살릴 사업 구조를 갖고 있는가?
❷ 향후 후배에게 현재의 급여와 퇴직금을 줄 수 있겠는가?
❸ 현재 우리가 지닌 능력으로 10년 후 경쟁력은?
❹ 국내 1위 기업을 추월할 역량을 어떻게 보유할 것인가?
❺ 국내 1위와의 격차는 어느 정도이며, 1위를 앞서 나갈 전략이 있는가?
❻ 회사의 비전과 개인의 비전이 어느 정도나 일치하는가?
❼ 자기 분야에서 최고의 전문성을 갖고 있는가?
❽ 효율적이고 생산적인 경영시스템이 현재 운영되고 있는가?

곧이어 구 상무의 발표가 시작되었고 그의 마지막 말은 "우리가 100년을 행복하게 살아왔다면, 후배들에게 더 행복한 100년을 이끌 옥토를 물려줄 책임이 있습니다."였다.

많은 사람들이 워크숍이나 세미나에 와서 특정 주제에 대해 토론하라고 하면, 그 주제에 매몰되어 버린다. 그 주제의 배경을 파악하거나 멀리 바라보지 못하고 해결 방안만 찾으려고 한다. 이런 시야를 갖고 있어서는 차별화되지 못하며 성과를 낼 수가 없다. 임원은 길고 멀리 바라봐야 한다. 자신의 세대는 물론이고 후배 아니 후손의 세대를 생각하며 의사결정을 해야 한다. 의사결정의 수준을 결정할 질문들을 통해 함께 일하는 사람들의 눈높이를 높게 가져가는 사람이 바로 임원이다.

얻고자 하는 바가
뭔가?

안 과장은 성실하지만 일에 대한 집착이 강하다. 특히나 자신이 하는 일은 그게 무엇이든 중요하고 완벽하지 않으면 절대 보고하는 일이 없다. 밤을 새며 일하지만, 안 과장이 무슨 일을 하는지 아는 사람은 그리 많지 않다. 팀장이 안 과장에게 중간보고를 하라고 여러 번 이야기했으나 자기가 생각하는 어떤 기준에 도달하지 않으면 보고를 하지 않는다.

한번은 안 과장이 김 상무에게 보고서를 갖고 들어갔다. "상무님, 한 달간 야근을 해가며 작성한 보고서입니다. 결재 부탁드립니다." 김 상무는 "안 과장이 한 달 동안 야근까지 하며 작성했다면 매우 훌륭한 보고서겠군. 수고했네. 그래 보고서를 통해 얻고자 하는 바가 무엇인가?" 안 과장은 머뭇거리더니 장황하게 이야기한다. 김 상무가 "간략히 말해, 무엇을 얻기 위해 작성했는가?" 물으니, 안 과장은 당황한다. 김 상무는 안 과장에게 "보고서를 통해 얻고자 하는 바를 명확히 한 다음 다시 오게"라고 지시한다. 1시간 남짓이 지나, 안 과장이 들어와 얻고자 하는 바를 말한다. 보고서 내용에 다 포함 되어 있다면서. 김 상무는 "이 보고서대로 한다면 회사에 어떤 이익 이 있는가?" 하고 물었다. 안 과장의 말을 들었지만, 분명히 이익이 되리라는 확신이 생기지 않았기 때문이다.

김 상무는 안 과장을 돌려보내고 그의 상사인 조 팀장을 불렀다. 조 팀장에게 안 과장의 보고서를 보았는지 물어보았다. 봤다는 말 에 안 과장에게도 했던 2가지 질문을 똑같이 했다. 조 팀장 역시 보 고서를 통해 얻고자 하는 바가 무엇이며, 이를 추진했을 때 어떤 이 익이 회사에 있는지를 명확히 설명해 내지 못했다. 김 상무는 조 팀 장에게 왜 이 질문이 중요한가를 설명했다. 임원은 항상 성과를 생 각해야 하며, 주어진 시간 내에 가장 효과적인 방안을 찾아야 한다 는 이야기도 덧붙였다.

임원이 되고 싶고, 임원은 많다. 그러나 임원이 되기 위해 일과 구성원을 어떤 기대 수준으로 어떻게 성장시켜 나가야 하는지를 명 확히 알고 이끌어나가는 사람은 많지 않다. 임원은 방향과 전략을 정하고 주어진 과제의 본질을 파악하여 제대로 일을 하도록 리드하 는 사람이다. 보고되는 모든 사안에 대해 CEO 마인드로 올바른 의 사결정을 해야만 하는 사람이다. 임원은 모든 보고서에서 보고서 작성자가 얻고자 하는 바와 회사의 이익 정도를 판단하고 감별해 낼 수 있어야 한다. 이런 사업가적 마인드와 역량을 갖추지 못한다면 임원으로서 맡은 바 직무를 감당해 낼 수가 없다.

김 상무는 팀장들에게 의사결정의 원칙을 갖고 있는지 물었다. 팀장들이 머뭇거리자 김 상무가 설명한다. "각자가 하는 의사결정이 먼저 사업과 연계되어 있는가를 살펴야 하고, 가장 효율적이고 효과적인 방안인지를 판단해야 한다. 자기 자신의 관점도 중요하지만 전사/경쟁사/고객의 관점에서도 철저히 고민해 봐야 한다. 마지막으로 현재 수준을 바탕으로 미래에 경영환경이 어떻게 변할 것인가를 반드시 고려해야 한다."

김 상무는 사무직의 일은 보고서를 통해 시작되고 보고서로 마무리되는 만큼 보고서 작성에는 회사와 관련된 정보뿐 아니라 경쟁사 상황, 고객의 니즈가 반영되어 최종 의사결정자를 보완해 주어야 한다고 강조한다.

임원은 사리사욕을 버리고
의사결정을 하는 사람

A회사를 컨설팅할 때의 일이다. 회장의 친척이면서 관리본부장으로 있는 이 부사장은 나이 많은 회장을 대신해 회사 경영을 거의 총괄하고 있다. 영업과 생산 분야를 제외한 재무·인사·홍보·전략·글로벌 사업이 관리본부장 체제로 되어 있다 보니 많은 임직원이 이 부사장의 눈치를 봤다.

그런데 이 부사장은 똑똑한 임원은 필요 없고, 회사의 비전과 전략을 악착같이 수행할 임원이 필요하다고 자주 이야기했다. 똑똑한 사람은 자기 하나면 된다는 식이었다. 나를 뛰어넘는 사람을 인정하지 않고 자신의 안정이 최고의 가치였다. 그래선지 임원 가운데 누군가가 중장기 전략이나 트렌드 선도 기획안을 가지고 오면, "우리 회사와는 맞지 않는다", "우리에게는 그런 역량이 없다", "너무 앞서갔다"라고 이야기하거나, 심지어 "지금 하는 직무에나 열중해 성과를 내라"하면서 절대로 수용하지 않는다. 자기보다 뛰어난 면모를 보이는 임원이 있다면 보직을 변경하거나 지방으로 보내거나 퇴직을 종용한다. 한마디로 말해 이 부사장은 '나 한 사람만 있으면 이 회사는 안정적으로 굴러간다'라는 사고방식을 갖고 있다.

더욱 심각한 것은 조직 내의 사내정치 또한 이 부사장이 조장한다는 점이다. 조직 내에 이른바 '이 부사장 라인'이라는 것이 있고 이 라인에 속한 사람들끼리는 자주 만나 술자리도 함께하며, 자기들만의 룰을 만들어 서로를 챙긴다. 이 모임에 속하지 못한 팀장은 절대로 임원이 될 수 없다는 말이 조직 내에 회자될 정도다.

F회사의 재무본부장인 나 부사장은 전무 때부터 자신의 후임자를 찾기 시작했다. 일반회계, 세무, 외환, 성과관리를 담당하는 재무본부의 본부장은 업무의 특성상 좋은 인성과 도덕성을 바탕으로 그 위에 전문성과 리더십을 갖춘 사람이어야 한다고 생각했다. 그래서 나 부사장은 자신이 재무본부장으로 취임하자마자 인성 및 개인 경력개발 계획을 통해 전문성을 함양하고자 팀장 이상을 대상으로 하는 리더십 과정 프로그램을 개발하는 등 재무본부 전원의 역량을 강화하는 프로세스에 착수했다. 팀장 중심의 학습조직도 별도 운영해 팀장의 전문성이 팀원들에게 전수될 수 있도록 하였다. 역량과 성과가 좋은 팀장을 2명 선발해 그들에게는 별도 도전과제를 부여했고, 우수한 팀원들을 그들의 지휘 아래 둠으로써 성과의 극대화를 유도했다. 현 상무급 임원 중 본부장 자격을 갖춘 사람으로 나 부사

장은 구 상무를 주목했다. 그래서 구 상무에게는 중요한 회의나 만남의 자리에 항상 참석시켰다. 특정 과제를 가지고 일주일에 1회씩 진행하는 재무 회의 역시 구 상무가 주관하게 했다. 구 상무를 제외한 다른 임원들, 그리고 임원 후보자가 아닌 팀장들에 대해서는 분기별로 미팅을 가지면서 무엇이 강점이고 무엇을 보완해야 할지를 분명히 제시하고 일하는 방식 및 개선해야 할 점을 강조했다. 단, 개인별로 잘하는 일 하나는 반드시 언급하며 칭찬함으로써 동기부여해 주는 것을 잊지 않았다.

임원은 조직 전체를 조망하며 의사결정을 하는 사람이다. 임원이 A회사의 이 부사장처럼 자신만 괜찮으면 된다는 식으로 사리사욕이나 자신이 속한 작은 조직의 이익만을 위해 일한다면 그 회사는 미래가 없다. 조직 전체를 보면서 의사결정을 계속 이어나가려면 조직 내에서 사람을 키우는 일이 중요하다. 사람이 경쟁력이고 사람이 답이다. 즉 올바른 방향을 잡고 의사결정을 할 '사람'이 필요하다.

임원에게
전략적 의사결정이란?

실무자에서 중간관리자를 거쳐 경영자가 되기 위해서는, 각 단계별로 역할이 다른 만큼 갖춰야 할 역량도 달라진다. 실무자가 일을 사안별로 처리하기 위해 자료를 수집하고 분석하며 안을 작성하는 역할을 수행한다면, 경영자는 그 일을 둘러싼 더 큰 그림을 그리고 종합적으로 판단하며, 목표계획을 조정하는 역량이 요구되기 때문에 매 순간 더욱더 철저하게 논리적 사고를 해야 한다.

과거에는 일반적 업무라고 하면 대개 정형화된 형태였으나 요즘은 기획력과 판단력 그리고 사고력을 요하는 비정형화된 업무의 비중이 점점 더 늘어나고 있다. 더욱이 임원이라면 일의 전체 흐름을 완벽하게 파악하고 이 결정에 뒤따르는 잠재적 위험요인까지 감안하여 의사결정을 해야만 한다. 임원이 의사결정을 할 때 자신만의 원칙이나 모델을 가지고 있지 않다면, 그가 내리는 결정은 아무래도 상황과 분위기에 휩쓸릴 소지가 크다. 구성원들이 힘들어하는 상사는 앞뒤 이야기가 다르고, 유사한 사안의 의사결정을 그때그때 임의적이며 다르게 내리는 상사이다. 물론 환경과 시기에 따라 의사결정의 내용은 달라질 수밖에 없으나, 시시때때로 의사결정 방식이 바뀐다면 일을 추진하는 담당자들 역시 비즈니스상의 일관성을 가져가기가 어렵다.

김 상무는 팀장이 되기 전부터 의사결정의 중요성을 간파하여 4단계의 의사결정 모델(상황분석-원인분석-결정분석-잠재문제분석)을 자신의 의사결정 모델로 삼았으며, 비즈니스 이슈가 발생할 때마다 이를 적용해 업무를 더욱 효과적으로 처리해 왔다.

그 첫 단계인 '상황분석'은 상황파악에서 시작된다. 일상적으로 당면하는 경영 및 관리 활동을 정확히 파악하여 문제의 발생 소지를 미리 예상해 내 과제를 명확히 하는 것이 이 1단계에 해야 할 일이다. "당 부서는 어쩐지 사기가 떨어진 것 같다", "현재 방법이 어쩐지 최선은 아닌 것 같다", "새 공장 설립에 문제는 없는가?", "신규 사업이 당초 생각대로 잘되어가지 않는다" 같은 경우이다. 상황분석 단계는 업무 과제에 뒤따르는 문제로 어떤 것들이 있는지를 명확히 하고, 그것들을 관리 가능한 단위로 세분화해 우선순위를 정하기 위한 프로세스다. 이는 테마 작성, 관심사 열거, 관심사 명확화, 관심사 평가/선별, 세분화, 분석과제 설정, 우선순위의 설정, 분석

방법 결정, 관심사 재검토 등의 절차를 거치며 수행된다.

2단계 '원인분석'은 문제가 발생한 업무 상황에 처해 문제의 내용을 명확히 하고 관련 사실 정보를 수집하여 가장 가능성이 높은 원인을 찾아낸 다음 그것을 가장 효율적으로 검증하기 위한 과정이다. 원인 문제란 어떻게든 해결이 요구되는 문제 가운데 참된 원인을 규명해야 할 필요가 있는 문제로서, "A공장의 제품 불량률이 높아지고 있다", "B영업소의 업적이 급격히 떨어지고 있다", "신상품 개발 프로젝트가 매우 지연되고 있다", "상품 C에 대해서 고객으로부터 클레임이 제기되고 있다" 등의 이슈를 말한다. 원인분석은 갭지표 작성, 정보 정리, 차이점 발견, 변화된 상황 확인, 원인 상정, 테스트, 가장 큰 원인에 대한 검증의 절차로 추진한다.

3단계 '결정분석'이란 최적안을 찾아내야 하는 업무 상황에 처해, 무엇을 결정하고자 하는가를 분명히 하고 평가기준을 설정하며 복수의 안건을 상정하고 결정 이후 나타날 수 있는 부정적 영향을 고려해 최적안을 선정하기 위한 프로세스다. 결정사항이란 일상적으로 특정한 해결방안이 요구되는 상황에서 의사결정을 하지 않으면 안 되는 사항을 가리키는 말인데, 예컨대 "기업인수를 할 것인가, 말 것인가?", "장기적 자본 투입은 어떤 방법으로 할 것인가?", "향후 시장점유율을 얼마나 높일 것인가?", "조직개편을 어떻게 할 것인가?" 등의 문제를 놓고 의사결정을 하는 것이다. 결정분석은 결정지표 작성, 결정요소 설정, 결정요소 분류, 절대요소의 상대요소화, 상대요소의 중요도 정량화, 안의 작성, 안의 평가, 잠정결정 등의 절차를 따라 수행한다.

마지막 단계인 '잠재문제분석'은 실행상의 리스크 및 대책을 마련해야 하는 업무상황에 처해 실행계획의 목적을 명확히 하고, 예견되는 리스크를 상정하고, 그에 대한 대책을 준비하여 실행하기 위한 프로세스다. '잠재문제'란 기업이나 조직이 실현하고자 하는 어떤 일(계획, 기획, 프로젝트, 사업 그 자체)을 성공적으로 달성하기 위해 저해요인 및 환경변화를 예상한 후 사전에 대책을 강구해 둘 필요가 있는 문제를 말한다. 예컨대 "신제품 개발 프로젝트를 어떻게든 성공시켜야 한다", "제조기간을 단축하기 위해 이러저러한 조치를 강구해야겠다", "새로운 기업으로 변신하기 위해 ○○○의 신규 사업을 성공적으로 추진해야겠다" 등의 이슈이다. 잠재문제분석은 실시계획지표 작성, 실시계획안 수립, 위험영역 확인, 잠재문제의 예견, 잠재문제의 평가와 선별, 동기원인 상정과 평가, 예방대책 수립, 문제 발생 시 대책 수립, 결행계획 수립 및 대책 평가 등의 절차로 추진한다.

임원이 하는 일이 전략적 의사결정이라면 일관성 있는 프로세스로 그 의사결정을 뒷받침해 주지 않으면 안 된다. 경영환경 및 여러 요인의 변화에 따라 의사결정이 다른 형식을 띨 수는 있다. 그러나 임원 개인의 판단 실수가 잦고 상사의 뜻에 굴복하느라 의사결정을 수시로 바꾸는 임원이라면 그는 직원들로부터 결코 신뢰를 얻을 수 없다.

왜 의사결정에
실패하는가?

스웨덴의 국민기업이었고, 2007년 전 세계 스마트폰 시장점유율 50%를 차지하며 글로벌 초우량기업으로 군림했던 노키아 휴대전화 사업부가 마이크로소프트(MS) 사에 2013년 인수합병되었다. 그리고 결국 2016년에는 마이크로소프트 사에서도 노키아 휴대전화 사업부를 완전히 정리하기로 결정했다. 노키아 휴대폰 사업부는 어쩌다 이런 처지가 되었을까? 노키아와 같은 초일류 기업의 경영진도 탁월하고 외부환경에 결코 둔감하지 않았고 타성에 젖거나 전략적 소싱에서 뒤처져 있지도 않았을 것이다. 그러나 망했다. 여러 이유가 있겠지만, 그들이 망한 이유 중의 하나가 너무나 똑똑했기에 현장의 의견을 수용하지 않고 자신만의 틀 안에서 의사결정을 하다 보니 결정과 실행 사이에 괴리가 생겼기 때문이 아니었을까 생각해 본다.

임원은 의사결정을 하는 사람이다. 하지만, 어떤 의사결정 체계를 구축하고 있느냐에 따라 회사에 미치는 영향은 크게 다르다. 두 명의 CEO가 있다. 둘 다 성격이 급하고 추진력이 강한, 전형적인 '나를 따르라' 스타일의 경영자다.

이 중 A라는 CEO는 이 기업의 오너이자, 특정 분야에서 박사학위를 가진 최고 전문가이며 나이도 가장 많다. 임직원들은 무슨 문제가 발생하면 그에게 보고했고 실제로 A로부터 해법이 나오는 경우가 잦았다. CEO가 참석하는 본부장 회의는 철저히 과제 중심으로 진행되었고, 물론 본부장들이 해법을 내는 경우도 많았지만, CEO가 담당 팀장 의견을 들으며 아이디어나 결론을 내는 경우도 종종 있었다. 사안에 따라서는 CEO가 침묵을 지키면 분위기가 다소 어색해졌지만, 해박한 그 분야 전문지식을 가진 본부장이 문제 발생 상황과 여러 가지 해결 사례, 주의사항 및 해법을 제시한다. CEO는 통찰력과 전체 프로세스를 살피는 안목 그리고 핵심을 꿰뚫는 전문성으로 본부장뿐 아니라 회의에 참석한 모든 담당자가 배움을 얻는 계기를 만들어주었다.

또 다른 CEO B는 전문경영자이며, 따라서 임기도 정해져 있다. 어차피 임기가 정해져 있어 안심하는 것인지 B가 참석하는 경영 회의는 항상 호통으로 시작해 호통으로 끝난다. 참석자도 본부장과 회의를 주관하는 부서의 담당 임원뿐이다. 회의 내용은 과제 해결 위주가 아닌, '금주의 업무 실적과 다음 주 계획 보고'에 그친다. 그런데도 작은 실수 내지 조금만 이상한 조짐이 보이면 1시간 넘게 다른 본부장들 앞에서 CEO의 호된 질책을 들어야 했다. 예컨대 CEO가 파악한 내용에 대해 담당 본부장이 잘 모르는 부분이라도 나오면, "이런 중요한 사실도 모르고 본부장이라는 사람이 그저 책상 앞에만 앉아 있느냐. 현장을 돌아보며 의사결정을 해라"라고 강도 높은 비난을 쏟아내는 것이다. 그렇기 때문에 본부장들은 회의에 참석하기에 앞서, 매일 팀 단위로 무슨 일이 벌어지는가를 파악하지 않으면 안 된다. 문제는 이러한 회의 문화가 아래로 전파되어 본부장 회의에 참석하는 팀장 이상에 대해서는 본부장이 팀장이나 임원을 질책하고, 팀 회의에서는 팀장이 팀원을 큰 소리로 야단친다.

이런 상황을 피하기 위해 보고자들은 잘 진행되고 있는 사안에 대해서만 보고하고, 조금이라도 질책을 받을 만한 사안은 최대한 감춘다. 주간 회의 중에 질책을 받게 되면 "죄송합니다, 바로 시정하겠습니다"라는 말만 한다. 회의 참석자들 사이에 토론이 없다. 다들 회의 주관자의 말을 기록하기 바쁘다. 좋지 않은 상황에 대해서는 쉬쉬하다 보니, 문제 상황은 끝내 해결되지 않고 더욱더 악화될 뿐이다. 게다가 다른 회사보다 앞서가도 모자랄 판에, 6개월 이상 추진된 과제에 대해서는 보고조차 하지 않는다. 실패 가능성이 높은 과제는 고려하지 않겠다는 분위기가 만연해 있는 것이다.

그러다 보니 늘 미봉책이나 임시방편적 조치만 이루어질 뿐이며, R&D센터는 단기 개선과제를 처리하는 데 급급하다. 회사의 의사결정 추진 체계가 이렇게 무기력하니 이 회사는 결국 망하는 길로 가고 있는 셈이다.

경영은 사람에 의해 이루어지지만, 역설적으로 사람에 의한 경영
은 오래갈 수 없다. 사람의 언행이 나쁜 문화로 고착되면 조직 전체
가 흔들리고, 이런 상태가 지속되면 결국 망한다. 임원의 의사결정
도 마찬가지이다. 현장에서 올라오는 소리를 들어야 한다. 함께 의
사결정을 해야 한다. 물론 최종 결정은 임원이 하지만, 그 결정을
하기까지 누구나 자신 있게 이야기할 수 있는 분위기가 조성되고,
의사결정의 프로세스가 정립되어 함께 결정했다는 추진체계가 구축
되어 있어야 한다.

탁월한 의사결정을 위한 '1페이지' 보고서 작성법

조직장이 올바른 의사결정을 잘하려면 '보고서'와 '말'이라는 수단을 잘 다룰 줄 알아야 한다. 조직장이 보고서 작성, 보고서에 대한 판단, 보고하는 일 자체 등을 제대로 할 줄 모른다면 그것은 조직에 재앙과도 같다.

대부분의 기업에서는 '보고서'와 '기획서'를 통칭해 '보고서'라 부른다. 물론 보고서와 기획서는 서로 다르다. '보고'란 과거와 현재 중심으로 정확하게 사실 중심의 정보를 전달하는 것이며 실행에 초점을 맞추고 있다. 이에 반해 '기획서'는 현재보다는 미래에 초점을 맞추는 것이고, 더욱 장기적 관점에서 의사결정을 해야 하기 때문에 합리적 주장과 논리를 살펴야 한다. 무엇보다 성과 명시가 필수적이다.

보고서든 기획서든, 통상 '보고서'라고 부르는 것을 작성하고 보고할 때는 3가지 원칙을 지켜야 한다. 적시성, 간결성, 명확성이다. 아무리 좋은 보고서라 할지라도 이미 적기를 놓쳐 조치할 수 없다면 아무 소용이 없다. 장황하고 불명확한 자료를 중심으로 작성된 보고서와 보고는 의사결정을 혼란스럽게 한다. 상사와 임원을 만족시킬 보고서를 쓰고 싶다면 대체로 다음과 같은 사항들을 고려해야 한다.

❶ 아웃풋 이미지(Output Image): 무엇을 위해 왜 해야 하는가?(Why: 업무 방향/목적)

❷ 스코프/레인지(Scope/Range): 어느 범위까지 다뤄야 하는가?(Who/When/What/Where/How)

❸ 데드라인(Deadline): 보고 시한은 언제인가?

❹ 보고 대상: 최종 보고는 누구에게 하는가?

그렇다면 보고서를 작성하거나 결정할 때 임원이 판단해야 할 것은 무엇인가? 아래와 같이 정리될 수 있을 것이다.

❶ 필요한 자료를 충분히 수집하였는가?
❷ 수집된 자료에 대한 해석과 통찰(Insight)이 제대로 이루어졌는가?
❸ 예상되는 문제점과 해결 방안이 적절한가?
❹ 최적안을 선정하는 논리적 흐름이 옳은가?

과거 필자가 직장에서 근무할 때 견지했던 보고서 작성의 원칙은,

간략함 이었다. 가능한 1페이지로 보고서를 작성하고 그 안의 내용은 크게 다섯 영역으로 나누라고 했다. 다섯 영역이란 '배경 및 목적', '현재 수준과 목표', '근본 원인', '실행계획', '추진일정'이다. P&G 사에서도 직원들에게 '1페이지 보고서' 작성을 원칙으로 하고, '목적 기술문(The Idea)—배경(Background)—추진사항(How it Works)—논리적 근거(Key Benefits)—토론—후속조치(Next Steps)—기타 사례 또는 예시'로 그 내용을 구성하는 것을 습관화하도록 권유하고 있다.

보고서를 보면 그 기업의 수준이 보인다. 다시 말해, 보고서의 단순함과 명료함이 그 기업의 경쟁력이다. 30페이지가 넘는 데다 그 내용도 이전에 언급된 바 없는 낯선 보고서를 가져와서는 결재해 달라고 한다면 상사나 경영진 입장에서는 당황스러울 수밖에 없다. 게다가 생소한 내용이기에 보고서 전체를 다 읽지 않고는 파악이 어렵다. 보고서 안에 같은 내용이 여러 번 반복되면서 복잡하고 전개되는 분량도 30쪽이 넘어가다 보면 아무래도 후반부를 읽을 때쯤이면 전반부 내용이 무엇이었는지 헷갈리게 되기도 한다. 보고서를 작성한 담당자는 내용을 잘 알겠지만, 처음 보는 임원 입장에서는 내용 파악도 제대로 되지 않았는데 의사결정을 해야 하는 것이다.

장황한 보고서로는 그 어떤 탁월한 의사결정도 내릴 수 없다. 여러 번 강조해 왔지만, 보고서에는 핵심만 잘 담기면 된다. 즉 얻고자 하는 바가 무엇이며, 실제 기대되는 내용은 무엇인지(기대효과 서술),

그리고 얻고자 하는 바를 달성하기 위해 어떤 절차를 밟을 것인지만 담기면 된다. 하지만 이런 내용이 마구 뒤섞여 있거나 달성 프로세스가 복잡하게 표현되었다든지, 나아가 너무 많은 분량으로 빽빽하게 서술되어 있다면, 보고자가 전달하고자 하는 바가 상대에게 제대로 전달될 리 만무하다. 보고자가 원하는 바를 달성하기 위해 어떤 과제가 최적안인지, 어떻게 하겠다는 것인지를 1페이지 보고서에 담아 명확하고 간결하게 설명하라. 추가 사항은 의사결정자가 질문하거나 보충 자료로 보완하면 될 일이다. 물론 모든 보고서를 1Page로 가져가는 것은 쉽지 않다. 중요한 내용을 중심으로 1Page를 작성하고 부수적으로 설명할 자료는 첨부로 하여 의사결정을 신속하게 가져가는 것이 합리적이고 효과적이다.

사실 임원에게는 시간이 그 무엇보다 중요하다. 조직의 상위 계층으로 올라갈수록 시간의 중요성은 더 커진다. 의사결정을 제대로 할 수 있도록 직원들이 보고서를 잘 작성하게 하는 것도 임원에게 맡겨진 중요한 일이다.

김 상무,
난처한 최 팀장을 구해주다

S기업이 있다. 이 회사의 회장은 길게 이야기하거나 긴 보고서를 몹시 싫어하다 보니 의사결정 방식도 매우 단순했다. 직속 상사의 결재만 받으면 됐다. 다른 본부나 팀의 합의나 협력이 필요한 사안인 경우에는 최고 의사결정자의 결재가 난 기안서를 별첨해 업무협조 요청서만 보내면 됐다. 물론 갑작스럽게 업무협조 요청을 받는 다른 부서 입장에서는 당황스럽기도 했겠지만, 상부에서 결정한 사안이라면 가능한 한 전사적 차원에서 지원하고 협력하자는 조직 분위기가 있었다.

그런데 이런 문화에 젖어 있던 S기업 최 팀장이 A기업으로 옮기게 되었다. 하필 A기업은 위기관리가 절실한 시점이었다. 회사가 어려워지고 인건비 부담이 가중되고 있어 최 팀장은 전사 인건비 개선방안으로 '총액 인건비 추진방안'을 마련하여 본부장 결재를 받았으며, 그것을 CEO에게도 보고했다. CEO는 좋은 아이디어라면서 다른 본부장들을 어떻게 설득했느냐고 묻는다. 최 팀장은 CEO 결재를 먼저 얻은 뒤 각 본부장들에게 설명하고 협조를 얻을 계획이라고 했다. 그러자 CEO는 각각의 본부장들로부터 먼저 합의를 받아 오라고 한다.

최 팀장은 소속 본부장을 찾아가 회장의 지시를 전했다. 그러자 "CEO에게 결재를 올리기 전에 본부장 합의를 먼저 받는 게 당연하지 않나?" 하며 의아해한다. 최 팀장이 영업본부장에게 취지와 내용을 설명하니, 영업본부장은 매우 좋은 아이디어라면서 찬성한다. 생산본부장에게 설명하니, 말도 안 되는 제도라면서 회사와 현장을 좀 더 파악하라며 반대한다. 생산본부는 한번 입사하면 퇴직하지 않고 매년 임금 인상과 호봉 상승으로 인건비가 올라가는 게 자연스럽게 여겨지는 조직인데, 인위적 구조조정을 하지 않는 한 인건비를 낮출 수는 없는 것이라며 생산직 구조조정으로 노조가 파업을 하게 만들 셈이냐며 화를 낸다. 다른 본부장들도 소속 본부의 성격에 따라 찬성과 반대 그리고 신중하게 진행하자는 모호한 의견으로 나뉜다. 결국 최 팀장은 9명 본부장 모두의 합의는 이끌어내지 못했다. 소속 본부장은 최 팀장이 알아서 잘 마무리하라고만 말한다. CEO 비서실에서는 지난번에 올린 '총액 인건비 추진방안'은 어떻게 되어가냐는 문의가 왔다. 최 팀장은 솔직한 답변은 내놓지 못하고 그저 "준비 중"이라고 응답했으나 프로세스 추진에 영 자신이 없다.

업의 특성이 다른 9명 본부장 전원으로부터 개별적 합의를 이끌어내는 일은 불가능하다. 고민스러워진 최 팀장은 사내 멘토 김 상무를 찾았다. 김 상무는 임원이 의사결정을 할 때 반드시 숙지해야 할 원칙을 재차 확인시킨다. "중요한 사안을 원활히, 갈등 없이 처리하려면 일단 그 일과 관련이 있거나 그 일을 둘러싸고 영향을 주고받는 임원들을 전부 한 장소에 모이도록 하고, 그 자리에서 취지와 기대 효과를 설명하고 토론하게 하여, 결론 또한 그 자리에서 내야 한다. 토론 과정에서 격렬한 반대가 있더라도 치열한 토론을 벌여 그 속에서 해결책이 나와야 하며, 토론이 끝나면 누가 무엇을 언제까지 할 것인지 추진 책임자를 분명히 하고, 또한 이 내용을 회의록에 기록하여 공유해야 한다. 하나 더 명심할 것은 토론 중 여러 부정적인 견해가 나올 수 있으며, 어떤 상대로부터 마음을 다칠 수도 있지만 그 모든 일도 그 자리에서 정리하고 회의장을 떠날 때는 향후 추진할 일만 생각하도록 하는 그라운드 룰을 만들어야 한다."

하지만 일개 팀장이 9명 본부장을 한 장소에 모이게 하기는 쉽지 않다. 최 팀장이 난색을 표하자 김 상무는 경영위원회를 활용하라고 조언한다. 경영위원회 참석 멤버가 본부장들이고 주관자는 CEO인 만큼 경영위원회 안건으로 올리면 거기서 결정이 날 것이고, 그 과정을 CEO가 지켜보며 조정하고 결정한 만큼 사안이 확정되고 추진될 가능성이 높다는 것이었다.

팀장에게 업무 특성이 다른 사람들을 일일이 찾아다니며 설득해 내라고 막무가내 지시하는 것은 임원의 본분을 망각한 행동이다.

임원이라면, 팀장이 주어진 과제를 전체적 관점에서 새롭게 보고 다른 사람들과 함께 논의하고 조정하며 결론을 내고 추진할 수 있도록 현명한 방향으로 이끄는 사람이어야 한다.

김 상무의
'의사결정 10원칙'

"임원의 일은 의사결정이다!" 이 말은 아무리 강조해도 지나치지 않을 정도로 중요하다. 그런데 막상 "의사결정이 대체 무엇이냐? 그 정의를 내려라"라고 하면 선뜻 대답하기가 어렵고 막막하다.

김 상무는 "의사결정이란 문제와 기회를 인지하고 문제해결을 위한 대안을 여러 가지 탐색하여 그중 가장 좋은 대안을 선택하고 실행하는 과정"이라고 한다. 사실 기업경영에서는 '의사결정'과 '문제해결', 이 두 용어를 명확한 구분 없이 쓴다. 사실 어떤 용어를 쓰든 간에 중요한 것은 임원의 역량이다. 즉 의사결정을 하든 문제해결을 하든, 어떤 목표를 달성하느냐와 어떤 수준의 의사결정을 하느냐가 중요하다. 김 상무는 리더라면 자신이 속한 회사와 조직을 먹여 살릴 가치를 창출하고 잠재적 사업기회 및 수익 원천을 발굴하기 위한 의사결정을 내릴 수 있어야 한다고 강조한다.

김 상무는 자신의 의사결정 6단계를 다음과 같이 정리해 놓고 있다.

1단계_ 문제 인식 단계

문제가 존재한다는 사실을 인정하고 문제 정의 및 상황 진단을 실시한다.

2단계_ 대안 개발 단계

대안에 대한 가치판단은 유보하고 선택 가능한 모든 대안을 일단 도출한다.

3단계_ 대안 평가 단계

개별 대안의 장단점을 평가하고 실행이 불가능하거나
많은 비용이 소요되는 대안을 하나하나 제거해 나간다.

4단계_ 의사결정 단계

평가한 대안 가운데 최선의 대안을 선택해 의사결정을 수행하는데, 위험과
보상 사이의 관계를 고려하여 대안을 선택함으로써 의사결정을 최적화한다.

5단계_ 실행(추진) 단계

의사결정 과정에 조직 구성원들을 되도록 많이 참여시킨다.

6단계_ 결과 평가 및 피드백 단계

의사결정 내용 및 실행 결과를 평가하고 피드백을 제공해 목표 달성 가능성을
확인하고, 의사결정 과정 및 실행을 개선하는 데 필요한 조치를 취한다.

아울러 김 상무는 의사결정을 함에 있어 언제나 10가지 원칙을
견지하고 있다.

❶ 명확한 목표의식을 갖는다.

❷ 전사적 관점에서 결정한다.

❸ 한자리에 모여 결정한다.

❹ 결정 사항에 대해 분명한 책임 소재를 명시한다.

❺ 현장을 중시한다.

❻ 같은 실수를 반복하지 않는다.

❼ 의사결정을 위한 자료 수집에 더 많은 시간을 투자한다.

❽ 분석 과정에 직접 참가한다.

❾ 어려운 결정일수록 전문가의 의견을 참고한다.

❿ 결정 사항에 대한 사후관리 등 실행에 집중한다.

김 상무는 구성원들에게 이와 같은 '의사결정 10원칙'을 중심으로 그라운드룰을 만들어 전원 암기하도록 했다. 그러자 팀원들 사이에서 처음에는 반발이 있었으나, 김 상무의 권유대로 이러한 원칙을 암기하여 언제나 명확히 인지한 상태에서 일 처리를 하다 보니 회의를 할 때나 업무 협의 시 실질적인 도움이 되었다.

임원은 의사결정을 하는 사람으로서 당연히 매 순간 중요한 결단을 내려야 하지만, 만일 조직의 하부에서부터 김 상무와 같은 생각을 가진 사람들에 의해 의사결정이 차근차근 이루어져 올라온다면 불필요한 시간을 줄여 보다 운영의 효율을 기할 수 있을 것이다.

저성장 상황에서의 의사결정

코로나19의 영향으로 세계 경제는 침체적이며 저성장이 이어지고 있다. 주지하다시피, 기업의 흥망은 조직의 장이 어떤 비전과 전략으로 직원을 이끄느냐에 달렸다. 위기의 시대에는 더더욱 그러하다. 하나의 잘못된 의사결정이 회사의 존폐를 결정할 수 있다. 대부분의 회사와 구성원들은 위기의 순간일수록 복지부동의 자세를 취한다. 실패의 부담 때문에 그저 가만히 웅크려 있으려고만 한다. 그러나 이런 침체된 상황이 지속되면 조직은 점차 활력과 열정을 잃게 되고 부서 간 화합과 선의의 경쟁 또한 더는 볼 수 없게 된다. 조직 내의 누구도 새로운 일에 도전하고 그 일을 주도적으로 실행해 나가려 하지 않는다. 그저 누군가가 이 상황을 타개해 주겠지 하는 심정으로 명확한 비전이나 전략도 없이, 또 희망도 없이 막연히 기다리기만 한다.

저성장이 지속되면 기업의 활력이 감소한다. 회사가 어렵다는 소문이 돌기 시작하고, 조직 구성원들 사이에서는 '이러다 잘리는 거 아녀?' 하는 불안감이 엄습한다. 화합과 팀워크는 온데간데없고 갈등과 분열이 난무한다. 회사 구조조정을 둘러싼 괴소문이 나돌고, 심지어 구조조정 대상자가 아무 임원이라는 식으로 실명까지 거론된다. 이런 분위기에서 구성원들이 일에 몰입하기란 현실적으로 쉽지 않다. 다들 출처를 알 수 없는 소문에만 귀를 쫑긋하게 된다.

이 회사는 지금 가야 할 방향을 잃은 것이며, 회사 곳곳에서 망해가는 징후를 보이고 있는 것이다.

이런 암울한 상황을 타파하고 구성원들을 양지로 이끌어내 성과를 창출하게끔 만드는 역할을 해야 하는 사람이 임원이다.

HR을 총괄하는 윤 상무는 저성장 시대는 HR 입장에서 보면 '위기이면서 기회'라고 생각했다. 불필요한 조직과 업무를 슬림화할 수 있고, 우수한 인재를 채용할 수 있는 선택의 폭도 더 넓어진다. 기업 경영의 중요한 원칙의 하나인 '선택과 집중의 원칙'을 발휘함으로써 구성원에게 새로운 변화를 창출해 보다 일의 전문성을 높일 수 있는 기회라고도 판단했다.

윤 상무는 이 어려운 상황에서 필요한 조직문화 개선안을 고민했다. 그리고 다음 3가지 처방을 단행했다.

첫째, '소통'이었다. 회사가 지금 어떤 상황이며 어떤 비전을 갖고 어떻게 나아가고 있는지를 지속적으로 솔직하게 공유했다. 알고 일하는 것과 모르고 일하는 것은 엄청난 결과 차이를 가져온다. 즉,

회사의 실제 상황을 모호하게 떠도는 소문으로 듣는 게 아닌, 정확한 데이터로서 파악하고 있으면, 불필요한 불신과 불안에서 벗어날 수 있다. 아니 그런 일이 발생할 여지 자체를 없애준다. 이를 위해 윤 상무는 우선 소통 채널 정비, 오피니언 리더 관리, 소통의 방향 및 전략에 따른 일관성 있는 전파, 최고경영층의 참여를 이끌어냈다.

둘째, '핵심가치의 지속적 강화'였다. 핵심가치가 구성원들에게 더욱더 깊이 내재되고 현업에서 실행되어 성과로 창출될 수 있도록 실천 사례를 공유하는 처방을 했다. 일선 현장을 찾아다니며 핵심가치의 실행 정도를 살피고, 그 현장에 맞는 사례와 발전 방향을 이야기하는 방문식 교육을 펼쳤으며, 실천 정도의 점검 및 피드백을 강화했다.

셋째, '실패에 대한 용인과 내부 공유'였다. 실패는 성공을 위한 발판이다. 진짜 성공을 거머쥐려면 실패가치에 대한 인식부터 전환해야 한다. 그러므로 "아무리 위기일지라도 움츠리지 말고 실패하더라도 적극적으로 실행하라"라고 권장해야 한다. 윤 상무는 실패의 구조적 원인을 분석하고 조직 내에 실패 사례를 전파해 실패가 개인과 조직의 역량으로 다시 활용될 수 있도록 했다.

어려운 때일수록 임원의 역할은 돋보일 수 있다. 아무도 나서지 않을 때 적극적으로 의사결정을 하고 "나를 따르라" 하며 깃발 들고 앞장서는 사람이 임원이다.

임원만 모르는 일이
발생하는 이유

말로만 외치는 인간존중과 직원 감동

공장에서 현장 직원 한 명이 손가락 한 마디가 크게 다치는 안전 사고가 발생했다.

사고 소식은 라인 조장까지 보고되었고, 라인 조장은 다친 직원에게 '공장 안전관리 시간이 깨지니 휴가 처리하고 개인 돈으로 병원 치료를 받으라'고 했다. 이 공장에서 기계 고장으로 라인이 중단되어도 공장장은 알지 못한다.

도급회사의 직원이 크게 다치고 한 명이 사망하는 일이 발생했다. 회사는 대책을 논의한 후 도급회사 책임으로 넘긴다. 그 누구도 책임지려 하시 않고 보고조차 하지 않는다. 이들 회사의 공통된 특징은 '실수는 실패로 이어지며 경쟁에서 진다는 사고'가 구성원에게 만연되어 있다는 것이다.

1등만이 살아남는다며 경쟁을 부추기는 회사가 있다.

모든 사람들이 1등을 하려고 하니, 성실히 고생해서 성과를 냈지만 2등은 패자가 되고, 운이거나 실력, 어떠한 수단을 써서 1등만 되면 인정받는다. 이 회사 역시 실패는 곧 패배이고 패배한 직원은 회사와 직원들의 관심에서 멀어진다. 이들 회사를 포함한 많은 회사들이 '사람이 경쟁력이고 힘이다', '직원의 만족이 모든 성과를 창출한다'고 외치며, 인간존중과 직원만족을 회사 핵심가치로 부르짖는다. 그러나 현실은 경쟁과 성과라는 논리로 1등만을 강조하는 문화와 제도, 경영층의 언행에서, 인간존중과 직원만족은 액자 속의 표어가 될 뿐이다. 아무도 이를 믿는 사람이 없다. 오죽하면 직원들이 '우리 회사에서 가장 안되는 일이 있다면 인간존중과 직원만족이다'고 비아냥한다.

나쁜 일이 발생될 때, 왜 임원만 모를까요?

1등을 강조하고, 패배를 인정하지 않는 회사에서는 사심을 버리고 전체를 보며 의사결정을 하기가 쉽지 않다. 내 탓보다는 남 탓으로 책임을 회피한다. 큰 성과가 나는 위험부담이 적은 일에는 치열한 경쟁이 일어나며 영향력이 큰 임직원이 독식한다. 조직과 후배를 강하게 키우며, 당장은 손해이지만 길고 멀리 보는 의사결정은 하지 않는다. 당장 성과 나는 단기 실적 중심의 의사결정과 일만을 추진한다. 나만 잘하면 된다는 사고가 팽배하다. 파이를 키우기보다는 주어진 파이를 어떻게 자르고, 내 파이가 크면 된다고 생각한다. 이런 문화와 풍토 속에서 패배는 인정되지 않기 때문에, 조직과 자신의 실수와 실패는 철저히 감추려 한다. 알려서 받는 피해가 너무 크기 때문에 위험부담은 있지만 최대한 감추려 하고, 핑계를 찾아 책임지려 하지 않는다.

　나쁜 일이 발생했을 때, 보고하지 않고 쉬쉬하거나 담당자 선에서 처리하고 무마하려 하거나 감추고 거짓으로 포장하려 하는 가장 큰 이유는 잃는 것이 크거나 책임에 대한 두려움 때문이다. 좀 더 근원적 원인을 살피면, 경영층과 관리자의 철학과 원칙, 경영방식에 문제가 있을 수도 있다. 그 결과, 지면 안 되고, 밀리면 전부를 잃는 인식과 문화가 퍼진다. 이런 상황이라면, 최고 경영자가 실체를 알 수 있는 방법은 그리 많지 않다. 자신은 현장 경영을 한다고 하지만, 분리된 공간에서 자신이 듣고 싶은 이야기만 듣는 최고경영자에게 나쁜 일이 보고될 가능성은 그리 높지 않다.

어떻게 하면 현장의 안 좋은 일이 최고 경영층까지 보고되게 할까?

　사장은 내 지시사항이 저 밑 현장까지 전달되지 않는다고 힘들어하고, 현장 직원은 자신의 건의 사항이 경영층에 전달되지 않는다고 불만이다. 사실 소통이 좋은 회사라면 나쁜 일, 좋은 일이 모두 보고되고 빠른 피드백을 받는다. 왜 전달되지 않는가? 조직과 직급

체계, 사람, 제도, 문화의 측면에서 살필 수 있다.

첫째, 조직과 직급체계는 단순화, 직책 중심으로 가져가고, 대기업의 경우, 소통전담조직을 운영하는 것도 한 방법이다. 소통은 층층 구조에서는 왜곡될 가능성이 높다. 역할이 다르기 때문에 자신에게 유리한 정보와 자료를 선호한다. 통상 기업은 사원부터 부장까지 8단계 직급체계가 있다. 이를 2~3단계로 단순화한다면 경직성은 줄고 수평문화는 보다 강화될 것이다. 더 중요한 것은 의사결정을 하는 임원의 직급체계이다. 직책 중심으로 가져가고 통상 5단계의 직급 자체를 없애는 것이 좋은 방안 중의 하나이다.

둘째, 사심을 갖고 전사적 결정보다는 자신과 속한 조직의 이익을 추구하는 임직원이 없으면 된다. 주관조직 간에 이기를 탐하며 끼리끼리 문화를 조장하는 사람은 엄벌해야 한다. 더 중요한 것은 신입사원부터 한 방향 정렬과 전사적 관점의 결정을 습관화해야 한다. 우리 회사에서 이기를 탐하며 끼리끼리 문화를 조장하는 행동은 금물이며, 이러한 행동을 해야 한다는 인식이 기본으로 지켜지면 된다. 이를 추진하는 데 중간 관리자와 경영자는 가장 중요한 원동력이며, 이들의 솔선수범이 직원들의 모범이 되어야 한다. 직원들이 보는 것은 관리자와 경영자의 언행이다.

셋째, 제도적 장치가 되어 잘하는 직원은 인정과 칭찬하고 회사내 영웅으로 만들어가야 한다. 반면, 정도경영을 지키지 않는 직원은 엄벌하여 하려는 생각 자체를 못 하게 해야 한다. 이 과정이 시스템(일일 정보회의, 주간 이슈 회의, 실패 사례 보고 등)으로 연계되어야 한다.

세도가 행동을 이끌 수도 있다.

넷째, 이러한 노력의 결과, 문화가 되어 체질화되는 것이 가장 바람직한 모습이다. 내재화와 체질화를 통한 가치관 정열이 되어야 한다.

'안 좋은 일 하나하나가 경영층에 다 보고되는 일이 효과적인가?' 일은 부가가치를 창출해야 한다. 부가가치가 낮거나 아예 부가가치를 창출하지 못하는 일은 개선하거나 하지 말아야 한다. 현장의 안 좋은 보고가 중간 관리자와 경영층을 거쳐 비중 있게 최고경영자에게 보고되어야 한다. 중간 관리자와 경영층이 사심을 버리고 전사 차원의 결정을 할 수 있고, 일의 파급효과를 판단할 수 있도록 성숙되어 있어야 한다. 최고 경영자의 신뢰를 바탕으로 한 권한 위임, 강한 조직장 육성, 현장을 찾는 관심과 참여 없이는 회사의 발전이 이루어지지 않는다. 임원이 중점을 갖고 해야 할 일이다.

3장

인품과 성과 창출

정도를 걸으며 진실한 마음으로 솔선수범하며 성과창출하는가?

조직의 나쁜 문화, 결국 조직장이 만드는 것

예전에 직장생활을 할 때 경험이다. 함께 일하는 직원 중에 고등학교 동기가 있었다. 학생 수가 몇 명 안 되는 소규모 학교여서 다들 알고 지냈는데 근 30년 만에 다시 만난 것이다. 과장인 그 동기는 조직의 원장으로 발령이 난 내게 "네가 여기서 함께 근무하는 걸 원치 않았지만, 발령이 난 걸 어쩌겠냐. 부탁이 하나 있다. 언행에 각별히 유념해라. 직원들은 원장이 잘하면 그건 당연하다고 생각하지만, 잘못하는 것은 가슴에 깊이 새겨 놓는다. 심지어 일일이 기록을 해두었다가 자신들이 불리해지면 그걸 이용하기도 한다. 수많은 눈이 너를 지켜볼 테니 언행에 잘못됨이 없도록 특히 주의해야 할 것이다." 친구의 조언은 너무나 당연한 것이기 때문에 나는 걱정하지 말라고 했다.

첫날, 업무를 마감한 뒤 환영식이 있었다. 그 회사는 술잔을 돌리

110

고 한 명씩 건배 제의를 하는 문화가 있었다. 먼저 한마음이 되어 한 방향으로 가자는 인사말을 하고 앉았다. 이어 한 명씩 각자 이야기를 했고, 그러다 보니 어느덧 술자리가 무르익었다. 자리를 끝낼 무렵에는 다들 술기운에 취해 있었다. "2차 갑시다" 하는 말도 나왔으나, "저는 항상 1차만 합니다"라고 말하고는 사무실에 들어왔다. 따뜻한 실내로 들어오니 술기운이 더해갔다. 매일매일 작성하는 글을 쓰다가 나도 모르게 책상에 엎드려 잠이 들고 말았다. 눈을 뜨니 새벽 2시가 넘은 시간이다. 일어나 사택에 가서 씻고 잠시 눈을 붙이고 평상시대로 7시에 출근했다. 간밤의 일은 당연히 아무도 모를 것이라 생각했는데 다음 날 동기가 한마디 한다. "술 마시고 사무실에 들어가지 마라."

때로는 본인이 하지 않은 일에 대해서도 오해를 받는다. 직원들이 잘못 결정해서 문제가 된 일인데 구체적인 사안을 몰라도 책임을 져야 한다. 어떤 경우에는 회사를 위해 조직을 희생시키는 결정을 내려야 하고, 또 어떤 경우에는 조직을 위해 개인이 손해 보는 일을 하도록 요구해야 한다. 어쨌든 그 모든 경우에 임원은 전체를 위해 사심을 버리고 공정해야 한다. 전체를 보지 못하고 개인의 이기만을 추구하면 결국 문제가 생긴다. 좋지 않은 사례로, 임원인 A전무가 법인카드로 개인 생활비를 썼다. 회계 담당자는 이런저런 계정에 이 비용들을 나눠 처리하느라 고생이 많다. 더 큰 문제는 관리자들도 저마다 법인카드를 마음대로 사용하며, 예산이 부족해지면 타

계정 금액을 전용한다는 점이다. 회계 담당 여직원은 이 사람 저 사람에게 애로사항을 토로하게 되고 결국 감사실의 감사를 받은 뒤 모든 관리자가 징계를 받고 다른 부서로 좌천되었다. 이렇듯 임원의 잘못은 임원 한 사람의 잘못으로 끝나지 않는다. 임원이 잘못 행동하면 조직 전체의 분위기가 엉망이 되고 구성원 모두가 낮은 평가를 받게 된다.

그러므로 임원이 모범을 보여야 한다. 더 절약하고 더 기본을 지키고 더 솔선수범해야 한다. 직원들이 8시 30분에 출근해야 한다면 임원은 8시 이전에 출근해야 하고, 업무시간에 더 몰입해야 하며, 누가 무엇을 하고 있는지 정확히 꿰뚫고 있어야 한다. 더 늦은 시간까지 일해야 하고, 애사심도 높아야 하며, 일에 대한 전문성과 열정을 갖춰야 한다. 임원이 본보기가 되지 못하고 여전히 대리 수준의 언행을 한다면 아무도 그 임원을 존경하지 않는다. 더 안 좋은 일은 직원들이 그러한 임원의 잘못된 행동을 처음에는 그저 지켜보며 욕을 하다가도 결국 나중에는 그대로 따라 하게 된다는 것이다. 좋지 않은 문화는 전파 속도가 더 빠르다. 결과적으로 조직의 문화와 분위기를 조성하는 사람은 임원이다.

"제가 밤에 보초를 서다가 졸았습니다"

역사에 등장하는 정복자 중 가장 빠른 시일에 가장 넓은 영토를 차지한 사람은 나폴레옹도 히틀러도 알렉산더 대왕도 아닌 칭기즈 칸이다. 그는 기마의 스피드와 용맹한 군기를 앞세워 놀라울 정도로 빠른 속도로 세계를 정복해 나갔다. 그런데 칭기즈칸의 군대에는 엄격한 룰이 있었는데, '밤에 보초를 서다가 졸면 사형에 처한다'라는 것이었다. 하루는 칭기즈칸이 병사의 울부짖음에 잠을 깨고 일어났다. 병사는 어젯밤 자신이 보초를 서다가 졸았다며 사형에 처해달라고 했다. 아무도 본 사람이 없었지만, 자신이 군대의 룰을 어겼음을 실토하며 울부짖었던 것이다. 칭기즈칸은 잠시 생각에 잠겼다가 명령을 내린다. "이 병사가 본인이 보초를 서다가 졸았다고 고백하니 룰을 어긴 것은 명백한 사실이다. 나는 군기를 지켜야할 입장에서 이 병사에게 사형을 명한다. 그러나 모든 병사에게 자신의 잘못을 고백한 것은 용기이며 귀감이 되는 행동이다. 이 병사가 죽은 후 이 병사의 가족을 누가 돌보겠는가? 내가 직접 돌보겠다." 다소 극단적인 사례를 들기는 했지만, 회사나 조직에서 원칙이나 규정을 세웠다면 무슨 일이 있어도 지켜야 하는 것이다. 우리의 현실은 어떠한가?

S시(市) 컨설팅을 할 때의 일이다. 국가기관이기 때문에 망한다는 생각을 단 한 번도 가져본 적 없는 직원들을 대상으로 "만약 S시가 망한다면 그 원인은 무엇인가? 현재의 위기는 무엇이며, 조직 구성원들은 얼마나 그 위기를 인식하고 있는가?"에 대한 설문 및 인터뷰 조사를 실시했다. 그런 다음 우선 50여 개의 '망하는 원인'을 자유토론으로 확정했다. 그 후 각 직급별 직원 대표들과의 간담회에서 50여 개 원인 중 가장 심각하고 반드시 해결해야 한다고 판단되는 10개의 핵심원인을 선정했다. 이어, 이 10개의 원인에 대해 전 직원 설문을 다시 실시했다. 설문은 5점 척도로 했고, 결과 정리는 5점 척도 중 4~5점을 받은 문항만 분석하는 긍정응답률 방식으로 실시했다. 질문 자체가 "망하는 원인이 무엇인가?"이기 때문에 긍정응답률 수치가 낮을 것이라고 예상했는데 뜻밖에 높은 긍정응답률을 보였다. 10개 항목 중 가장 높은 긍정응답률을 보인 것은 "자신의 역할을 제대로 하지 못하고 안일에 빠져 있다"였다. 무려 66.8%의 긍정응답률을 보였다. "시민들이 세금을 내지 않는다"라는 항목도 60%를 넘었다. 또 다른 문항 중 "미래를 이끌 청사진이 없다", "규

정과 원칙을 지키지 않는다", "정책에 일관성이 없다" 등의 항목에 대해서도 40% 이상의 응답률을 보였다. 10명 중 4명 이상이 이러한 원인에 대해 그렇다고 인정한 것이다. 이들 항목을 자세히 살펴보면, 과장 이상은 긍정응답률이 10%가 넘지 않고, 사무관 이상은 30% 수준이었다. 주무 이하는 거의 50%에 육박했다.

결과가 보고되자, "어쩔 수 없는 원인도 있지만 위에서 지키지 않는 규정과 원칙을 아랫사람에게만 지키라고 해서야 어디 지켜지겠는가? 사실 조직과 개인 이기는 위쪽에서 더 심하다", "사실 아랫사람들은 윗사람들 행동을 보며 판단하고 행동하는 법이다" 같은 여러 가지 이야기가 들려왔다. 이후 S시는 위기와 원인에 대한 설문 및 인터뷰 조사 내용을 전 직원과 공유하고, "나부터 변하자"라는 구호를 내걸고 간부부터 솔선수범하기로 했다. 먼저, 사무관 이상의 간부특별 교육을 통해 간부들의 부끄러운 모습을 낱낱이 공개하고, 직원들의 바라는 바를 동영상을 제작해 보여줬다. 간부 행동수칙 10가지를 정해 본인 스스로 매월 점수를 매기고 잘한 점과 잘못한 점을 적게 했다. 국장급 조직의 조직문화 진단을 실시해 높은 조직은 사례를 만들어 적극 공유하였으며, 낮은 조직은 인사과가 주관이 되어 세부 원인을 파악하고 개선안을 제시하는 내부 컨설팅을 실시했다. 국장급 조직별로 조직문화 퍼실리테이터 1명을 사무관급으로 선정하여 이들에 의해 기본 지키기와 올바른 조직문화 정착을 추진해 나갔다. 주관 부서인 인사과에서는 바람직한 인재상 및 이를 달성하기 위한 방안을 마련하여 제시하고, 간부와 조직문화 퍼실리테이터에 대한 교육 및 점검, 현장방문 제도 안내와 모니터링 및 지도, 지표개발 및 현 수준 파악, 경쟁사 또는 다른 시의 추진 사례와 정보 제공, 내부 우수 조직과 실천자에 대한 시상 및 활용, 경진대회 같은 이벤트 실시 등 여러 사업을 추진하면서 '정도경영'은 기본이라는 인식을 전사적으로 공유하고, 이를 바탕으로 건전하고 올바른 조직문화 활동을 전개해 나갔다.

이 과정에서 가장 중요한 것은 물론 '반드시 지키겠다' 하는 전 직원들의 의식이다. 성공한 기업은 시스템을 중심으로 개선을 추진하는 것이 아닌 임직원과의 신뢰를 기반으로 한 문화 중심의 실행을 이끌어간다.

상무님,
이런 모습을 보여주세요!

정현종 시인의 시 〈방문객〉은 읽을 때마다 새삼 깨달음을 준다.

"사람이 온다는 건, 실은 어마어마한 일이다.
그는 그의 과거와 현재와 그의 미래와 함께 오기 때문이다.
한 사람의 일생이 오기 때문이다."

사람을 만난다는 것, 어떤 이와 한 공간에서 함께한다는 것은 이토록 놀라운 일이다. 그런데 누군가가 나와 함께 하루 중 가장 많은 시간을 함께한다는 것은 얼마나 어마어마한 일이겠는가.

임원, 나아가 경영자가 되고자 하는 사람이라면 '나만 잘하면 되지' 하는 생각으로 그저 혼자 열심히 해봐야 소용이 없다. 피터의 법칙(Peter's Principle)이라는 것이 있다. 결국 조직의 상위 직급은 무능한 인물로 채워질 수밖에 없음을 밝힌 독특한 이론인데, 미국 컬럼비아대 로렌스 피터 교수가 1969년 발표한 것이라 이런 이름이 붙었다. 관료제로 길들여진 조직일수록 유능한 사람을 승진시키다 보면 일을 감당할 수 없는 위치까지 승진을 시켜 결국은 무능한 지경에 이르게 된다는 역설적인 이론인데, 문제는 이렇게 무능해진 사람도 신분보장 덕분에 계속해서 그 자리에 머물게 되고, 그리하여 결국에는 조직의 모든 계층이 무능한 사람으로 채워질 수 있다는 것이다.

실제로 이런 경우는 적지 않다. 직원일 때 일을 능숙하게 잘 처리해서 팀장을 시켰더니, 팀원에게 시켜야 할 일을 팀원에게 시키지 못하고, 그 많은 일을 혼자 다 짊어지고 끙끙 매느라 오히려 효율을 떨어뜨리는 경우가 바로 그런 예라 하겠다. 과연 그 팀원들은 어떻게 생각했을까? '팀장이 저 많은 일을 혼자 다 하다니 정말 죄송하다. 우리가 새로운 일에 착수해 팀의 성과를 올리도록 노력해야 한다'… 과연 이렇게 생각했을까? 그렇지는 않을 것이다. 문제가 생기면 팀원들은 외려 모르쇠로 일관하면서 팀장이 독단적으로 추진하다가 생긴 일이라고 변명할지도 모른다.

인원수가 적은 팀을 이끌며 관리자로 있을 때는 비교적 괜찮은 성과를 내던 팀장이 임원이 되면 직원으로부터 비난을 받고 성과도 바닥을 치면서 CEO를 심각한 고민에 빠트리는 경우가 생긴다. 이들과 인터뷰를 해보면 대다수는 이렇게 변명한다. "지금까지 임원이 어떤 역할을 하는지, 어떤 마음가짐으로 조직관리를 하고 과업수행을 해야 성과를 낼 수 있는지 배운 적이 없다. 배웠다고 해봐야, 눈 너머로 상사가 하는 일을 지켜봤을 뿐이다." 상황이 이렇다면 과연 직원으로부터 존경받는 팀장이나 임원이 조직 내에서 배출되기란 쉽지 않을 것이다. 팀원은 주어진 일의 자료를 모아 분석하고 보고서를 작성하는 실무 역할을 수행한다면, 팀장이 되어서는 실무 역할보다는 방향을 정하는 역할이다. 일의 바람직한 모습과 큰 골격을 세우고, 중요 이슈를 뽑을 수 있는 전문성과 통합사고능력을 갖추고 있어야 한다.

만약 임원이라면, 팀장의 역할 이상을 해내야 한다. 목표달성은 기본이고 자신이 속한 조직과 함께 일하는 사람들의 가치를 올려 조직이 지속성장하도록 성과를 창출해야 한다. 그것이 임원에게 가장 절실한 과제다. 이전 직장에서 직원들에게 상사의 어떤 말과 어떤 행동이 퇴사하고 싶은 생각을 들게 하는지 묻는 조사를 실시해 보면 흔히 이런 것들이 나온다. "하는 일도 없으면서 연봉은 왜 이렇게 높아", "자넨 이래서 안 돼", "내일까지 무조건 해", "내가 오늘 마누라와 싸웠는데 말야…", "얼굴 좀 뜯어고쳐야 하는 거 아냐?" 등의 다소 충격적인 멘트도 있다. 이런 언사를 내뱉는 임원이나 조직장은 결코 존경받을 수도, 성공적 리더십을 발휘할 수도 없다.

필자가 모 회사를 컨설팅할 때 정리한 〈존경할 수 없는 상사의 10가지 행동〉 목록이다.

❶ 윗사람에게는 아부하면서 직원에게는 강요하는 상사.

❷ 부하 직원에게 방향이나 전략 또는 배경 설명 없이 무조건 해내라고 업무를 내던지는 상사.

❸ 반말과 거친 행동, 편견 등 직원의 인격을 무시하는 상사.

❹ 공과 사를 구분하지 못하는 상사.

❺ 직원의 말을 들으려 하지는 않고 일방적으로 지시만 내리는 상사.

❻ 세상의 변화에 둔감하면서 "옛날에는~"이라는 말만 습관적으로 강조하는 상사.

❼ 술만 마시면 언행이 변하는 등 자기관리를 못하는 상사.

❽ "고졸 출신이 뭘 알아?"같이 학력으로 직원을 차별하는 상사.

❾ 한 달에 책을 한 권도 읽지 않는, 자기계발에 게으른 상사.

❿ 앞뒤 이야기가 다르고 주관이 없는 상사.

직원들이 바라는 팀장이나 경영진의 모습은 위 목록에 담긴 언행과 정반대 모습을 보이는 것이다. 그들은 진정성을 바탕으로 직원을 먼저 생각하고 고려하면서 함께 목표를 달성해 성과를 창출하는 상사를 원한다.

김 상무,
윤리강령을 만들다

　많은 기업이 정도경영팀, 정도경영실천사무국 등의 조직을 두고 '정도경영'을 강조하지만, 임원이나 팀장의 이른바 '갑질'은 계속되고 있다. 신문이나 방송 보도로 이러한 갑질 행태를 확인하게 된 직원들은 "우리 회사에서 이런 일이 일어나다니! 말도 안 된다" 하며 뒤늦게 놀라워한다. 그러나 여전히 현장에서 침묵하며 고통받는 직원들이 적지 않다.

　정도경영은 규율이나 원칙을 지키며 자신의 책임을 다하는 준법경영, 도덕성과 윤리의식을 갖추고 행하는 윤리경영을 말한다. 회사와 임직원은 계약 관계로 맺어져 있다. 노동의 대가로서 떳떳하게 보상을 받는다. 그러므로 일에 대한 책임을 다해야 하고, 회사는 회사대로 일할 수 있는 장소 등을 제공해야 하며 또한 노동력에 대한 보상의 책임이 있다. 조직에서는 다양한 사람이 모여 함께 공동의 목표를 달성해 가야 하기 때문에 그 과정 중에 수많은 갈등이 일어날 수 있다. 이러한 갈등을 미연에 방지하거나 혹 갈등이 생겼을 경우 슬기롭게 제거함으로써 모두가 한 방향으로 힘을 모으고자 대개의 조직은 일정한 규정이나 규칙 또는 원칙과 제도 등을 갖춰놓고 있다. 회사의 구성원이라면 누구나 이를 지키고 따를 책임이 있다.

정도경영의 핵심은 "모든 사람은 존중받아야 한다."라는 인식이다. 다른 구성원들에게 무시를 당하거나 하면 조직 내에서 고통받고 소외를 당하는 사람이 생긴다. 그러므로 명심해야 할 것은, 회사에서 직급의 차이는 있을망정 일의 차이는 없다는 사실이다. 이런 점에서 '기업조직'은 자동차에 비유할 수 있다. 자동차는 약 2만 5,000개의 부품이 작동해 움직이며, 만약 그중 하나라도 부품이 작동하지 않으면 운행 중인 자동차에 사고를 일으킬 수 있다. 거대한 기업조직에 사소한 일이란 없다. 모든 일이 다 중요하고 꼭 해야만 하는 일이다. 그 일을 하는 사람 또한 모두 존중받아야 한다. 또한 제도나 원칙을 정했으면 누구에게도 예외 없이 적용되어야 한다. 규정·제도·원칙을 지키지 않으면 조직의 기강이 무너져 내려 리더십이 위협받고 외부 경쟁사로부터도 공격을 받을 수 있다.

하지만 정도경영을 전 직원에게 내재화하여 실천으로 이끌기란 쉽지 않다. '정도경영'을 총괄하라는 지시를 받은 김 상무는 3가지 방안을 회사에 제시해 추진했다. 첫째, 사업부별 정도경영 담당 임원 임명과 전사조직 구축이다. 모름지기 담당 조직이 있어야만 일의 책임성이 선명해진다는 판단에서다. 이 담당 조직은 정도경영에 대한 원칙과 윤리강령 등을 정하고, 임직원 교육 및 사내강사 양성과 활용, 사례 개발과 홍보, 사전 진단과 예방, 사건 발생 시의 조치 등의 다양한 업무를 절차적으로 담당하게 된다. 김 상무는 정도경영팀은 그 특수성을 인정해 CEO 직속 조직이어야 함을 강조해 추진했다.

둘째, 정도경영에 대한 행동강령 교육 및 점검이다. 언젠가 김 상무는 벤치마킹을 위해 모 백화점을 방문한 적이 있다. 여러 가지 제도에 관한 설명을 듣고 현장을 한번 돌아보고 나오면서 벤치마킹을 도와준 백화점 직원들에게 자신이 준비해 간 선물을 건넸으나 받지 않는다. 윤리강령에 어긋난다는 이유였다. 김 상무는 회사 제품을 가져온 것이니 받아도 되지 않겠느냐며 권했으나 소용이 없다. "선물은 사양합니다"라는 그들의 말을 들었으나 그냥 하는 이야기겠거니 하면서 믿지 않은 것이 잘못이었다. 원칙의 중요성, 그리고 그 원칙은 애매모호한 문장으로 표현되어 있으면 행동으로 실천되기가 어렵다는 점을 김 상무는 다시금 깨닫게 되었다. 구체적인 행동지표로 기술되어 특정 행동은 결코 하지 말아야 한다는 점을 분명히 하는 것이 정도경영을 이어나가는 데 중요했다. 김 상무는 정도경영 지표를 중심으로 전사적 조직 진단을 실시하고, 행동지표는 암기하도록 유도했다. 즉 승진이나 사내 집합교육, 평가에서 '행동강령 암기' 성적을 반영하기로 했다. 행동강령을 전사적으로 내재화하는 데 있어 가장 중요한 일은 위반한 임직원에 대해서는 아무리 성과가 좋아도, 아무리 직급이 높아도 예외를 두지 않는다는 것이었다.

셋째, 문제 파악을 전담하는 채널을 구축했다. 예컨대 한국바스프는 사무실 내의 모든 전화기에 외부 노무법인 전화번호를 부착해놓고 있다. 사내신고는 비밀보장이 되지 않아 신분이 노출될 수 있기 때문에 외부 전문가에게 직접 전화를 걸 수 있도록 한 것이다. 조직 내에서 벌어지는 일이라 말도 제대로 못하고 전전긍긍하는 직원들이 없도록 하기 위한 조처다. 간혹 어떤 리더들은 뒤늦게야 "왜 진작 내게 찾아와서 말하지 않았느냐?"라고 말하곤 하는데, 이것은 결코 리더가 할 말이 아니다. 자신의 경험담이 알려지기를 원하지 않을 수도 있고, 때로는 비밀이 드러날까 봐 두려워할 수도 있다. 문제 파악 전담 채널은 바로 이렇게 고통을 받는 사람을 보호하고자, 또 문제가 발생한 것을 목격한 사람이 조금은 편하게 문제를 알릴 수 있도록 하고자 한 것이다.

이 3가지 방안을 토대로 조직을 만들고 담당자나 담당부서를 선정하고, 행동강령을 만들어 직원들 사이에 내재화하며, 문제 파악 전담 채널을 만든다고 해서 정도경영이 곧바로 성숙으로 이어지는 것은 아니다. 가장 중요한 것은 '원칙'을 소중히 여기는 마음이며 이것이 면면히 계승되도록 기업문화로 승화되어야 한다.

그래서 김 상무는 그 적용 대상을 크게 고객·임직원·지역사회·주주로 나누어 별도의 윤리강령 10가지를 만들었다.

❶ '고객'에게 우리는 높은 수준의 질과 적정한 가격을 제공하기 위해 최선을 다한다.

❷ '고객'의 요구에 신속하고 정확하게 대응한다.

❸ '사원' 한 사람 한 사람은 개인으로서 존중되고 그 존엄과 가치가 인정되어야 한다.

❹ '사원'이 자유로이 의견을 제안하고, 자신의 고충도 자유로이 토로할 수 있는 환경이어야 한다.

❺ 능력 있는 사람이면 누구에게나 고용, 능력 개발 및 승진의 기회가 공평하게 부여된다.

❻ 우리는 좋은 '시민'으로서, 사회사업 및 복지에 공헌하고, 납세의 의무를 다한다.

❼ 우리는 사회발전, 건강증진, 교육개선, 환경보존에 기여하는 활동에 참가한다.

❽ 지속성장을 위해 우리는 혁신적 사고로 사업, 제품 및 제도 창출에 힘쓴다.

❾ 역경에 처했을 때를 대비하여 연구개발, 위기대응, 이익 축적 등의 활동을 한다.

❿ '주주'의 정당한 보수는 인정되어야 한다.

D그룹의 윤리강령

우리 D그룹은 인재와 기술을 바탕으로 최고의 제품과 서비스를 창출하여 인류사회에 공헌하는 '21C 세계 초일류기업'을 지향한다. 세계 초일류기업은 종업원 각자가 최고의 윤리가치를 공유하고 한 방향으로 실천할 때에만 가능하다. 이에 우리는 경영이념과 D그룹인의 정신을 바탕으로 D그룹 윤리강령을 제정하고 이를 모든 종업원의 행동과 가치판단의 기준으로 삼는다. D그룹 윤리강령의 기본정신은 다음과 같다.

1) 공동의 번영을 추구(Win-Win)

종업원과 고객, 협력업체, 주주, 지역, 국가, 인류사회가 더불어 다 함께 잘 사는 공동의 번영을 추구한다.

2) 공정한 경쟁(Fair)

세계 어디서나 사업활동을 전개함에 있어서 국가와 지역사회의 법규와 도덕을 준수하고 정정당당히 실력을 바탕으로 자유롭고 공정하게 경쟁한다.

3) 인간미, 도덕성, 예의범절, 에티켓(Basic)

기본을 지키고 본질을 추구하며 인간미, 도덕성, 예의범절, 에티켓을 준수하여 세계를 무대로 미래를 창조해 나간다. 자신과 회사의 명예를 지키기 위해서 각자는 회사를 대표한다는 자세로 다음의 기준에 따라 스스로 판단하고 자율적으로 실천하며 상호 간에 윤리강령을 위반한 행위에 대해서는 반드시 지적하고 고치도록 한다.

▪ 경제활동

D그룹은 경제활동의 대상이 되는 고객, 종업원, 협력업체, 경쟁자, 주주 등 이해관계자와 상호신뢰를 바탕으로 공동의 번영을 추구한다.

1) 최고의 제품·서비스 창출

세계 초일류기업을 목표로 질 위주 경영을 통해 인류사회에 유용한 최고의 제품과 서비스를 창출한다. 품질은 결코 타협하거나 양보할 대상이 아닌 우리의 최고 가치이다. 가장 좋게, 싸게, 빠르게 최고의 경쟁력을 확보하기 위해 노력한다. 부단한 혁신과 연구개발을 통해 인류생활에 도움이 되는 새로운 가치를 창출한다.

2) 고객만족

"고객이 있으므로 D그룹이 존재한다"라는 신념으로 고객의 의견을 존중하고 고객의 재산과 명예를 보호한다. 고객은 의사결정의 궁극적인 기준이다. 고객의 요구와 기대에 부응하여 매력 있는 제품·서비스를 제공한다. 진실한 마음과 친절한 태도로 고객을 대하며 고객의 불만과 제안을 겸허하게 수용한다. 고객의 자산, 지적재산권, 영업비밀 등을 D그룹의 재산만큼 소중하게 보호한다.

3) 삶의 질 향상

인간존중의 바탕 위에 개개인의 인간적 존엄성과 가치를 인정하고 정신적·물질적 삶의 질 향상을 위해 노력한다. 안전하고 쾌적한 작업장을 제공한다. 자유롭고 창의적으로 일할 수 있는 신바람 나는 직장 분위기를 조성하며 고충 해결을 위해 노력한다. 능력과 공헌도에 따라 공정한 대우를 하고 본인과 가족의 건강·교육·노후생활 등 삶의 질 향상을 위해 최선을 다한다.

4) 협력업체와의 공존공영

협력업체와 호혜의 원칙에 따라 상호 발전할 수 있도록 힘쓰며, D그룹의 권한과 지배적 지위를 이용하여 부당한 요구를 하지 않는다. 협력업체 선정은 그들이 제공하는 제품 및 서비스의 품질과 가격, 신뢰성 등을 기초로 투명하고 공정하게 한다. 협력업체와의 거래에 있어서 회사의 명예와 이익을 우선하고, 부정한 금품이나 향응을 받지 않는다. 협력업체에 D그룹 윤리강령의 취지와 정신을 설명하고, 이의 준수를 권장한다. 협력업체의 제반경영활동 노력을 다양한 방법으로 지원하며 D그룹의 어려움을 협력업체에게 떠넘기려 하지 않는다.

5) 공정한 경쟁

법과 상도의에 따라 모든 경쟁자와 자유롭고 공정하게 경쟁한다. 경쟁관계를 상호발전의 계기로 생각하며 경쟁자가 행사하는 정당한 권리를 존중한다. 새로운 경쟁자와의 자유경쟁을 저해하는 행위를 하지 않는다. 상품의 가격이나 용역의 대가를 부당하게 결정하지 않는다.

6) 주주 존중

합리적 투자와 견실한 경영으로 주주에게 장기적·안정적 이익을 제공한다. 장기적이고 안정적인 이익을 위해 원가절감과 생산성 향상에 노력한다. 투기적인 사업 확장이나 단기적인 시세 영합을 통해 주주의 이익을 위험에 처하게 하지 않는다. 일반적으로 인정된 기업 회계 기준에 따라 재무상태를 기록·관리한다.

7) 광고와 홍보

고객에게 D그룹의 제품과 서비스, 경영활동에 대한 유용하고 가치 있는 정보를 제공하기 위해 노력한다. D그룹 제품과 서비스에 대하여 충실하고 적정하게 표시·광고한다. 허위광고나 과장광고, 미풍양속을 해치는 광고를 하지 않는다. 경쟁사를 비방하거나 비난하는 광고를 하지 않는다.

■ 사회적 역할

D그룹은 인류에 해(害)가 되는 활동은 하지 않으며, 세계 기업시민으로서의 사명과 역할을 충실히 수행한다. 나아가 인류사회의 풍요로운 번영을 위해 사회공헌활동을 전개한다.

1) 기업시민으로서의 의무와 권리

각종 의무를 성실히 수행하며, 기업시민으로서 누릴 수 있는 권리를 정당하게 주장한다. 국가와 지방자치단체 등의 지역사회가 부여하는 조세 및 각종 의무를 성실히 수행한다. 사업환경의 변화로 인한 사회적 제도의 신설·개정·폐지가 필요한 경우, 사회 각계의 폭넓은 의견수렴과 정당한 절차를 거쳐 청원할 수 있다.

2) 법규 준수

국가와 지역사회의 각종 법규를 준수하며, 상도의와 거래관습을 존중한다. 기업이 지켜야 할 모든 법규와 지방자치 단체 등의 자치규범을 충실히 준수한다. 상도의를 벗어나는 부정한 방법으로 부당한 이익을 취하지 않는다.

3) 정치 불개입

D그룹은 정치에 개입하지 않는다. 그러나 D그룹의 이해와 관련되는 정책의 입안과 법률 제정 등에 대해서는 입장을 표명할 수 있다. D그룹인은 D그룹과 관계없는 개인의 신분으로 정치적 입장을 밝힐 수 있다. 그러나 개인의 입장이 회사의 입장으로 오해받지 않도록 주의해야 한다.

4) 기술개발과 경제발전 기여

첨단기술의 개발과 확산을 위해 노력하며 영속적인 기업활동을 통해 국가경제 발전에 기여한다. 국가와 인류의 미래를 풍요롭게 할 첨단기술의 연구·개발에 힘쓴다. 정당한 이익 창출을 통해 영속기업으로 발전하여 국가 경제의 안정과 성장에 이바지한다.

5) 환경보호

환경은 전 인류가 영원히 보존해야 할 대상임을 깊이 인식하고, 깨끗한 자연을 보전하는데 힘쓴다. D그룹이 행하는 사업은 환경친화적이어야 한다. 해당 국가의 환경기준을 충실히 준수하며, 환경보호 운동에 적극 참여한다. 꾸준한 연구와 기술개발을 통해 환경보호와 자원보존에 앞장선다.

6) 사회봉사와 이익의 사회환원

자발적 봉사와 이익의 사회환원을 통해 국가 인류사회 발전에 기여한다. 사회에 대한 자발적인 봉사가 기업의 사회적 책임의 일부라고 믿으며, 사회봉사·재난구호·사회계몽 등에 적극 참여한다. 이익의 일정 부분을 사회공헌활동에 투자함으로써 지역사회 발전에 기여한다.

인류사회를 정신적으로 풍요롭게 하는 학문과 예술·문화·체육의 발전을 위해 다양한 지원을 제공한다.

7) 국제경영활동 규범

세계 어느 곳에서 사업을 하든 그 나라의 문화와 전통을 존중하고 법규를 준수하며 지역사회 발전에 이바지한다. 국가 문화와 전통의 차이로 인한 윤리적 갈등을 인정하고 공정하게 해결하기 위해 힘쓴다. 해당 국가의 기업시민으로서 그 나라의 법률과 관행을 존중하며, 지역사회 발전에 이바지한다. 현지의 문화와 관습을 존중하며 국제인으로서 에티켓과 품위를 지킨다.

■ **직장 생활**

D그룹인은 "인격체로서의 상하(上下)는 없다"라는 인식하에 서로 존중하고 인간미, 도덕성, 예의범절, 에티켓을 생활화함으로써 자신의 명예를 지켜나간다. 개인의 자율과 창의를 최대한 존중하고 '나부터 변화'를 통해 한 방향으로 나아감으로써 개인의 성장과 회사의 발전을 함께 추구한다. D그룹인은 인간미, 도덕성, 예의범절, 에티켓을 생활화하여 자신의 명예와 품위를 지키고, 함께 일하는 상사와 동료, 부서원의 인격과 권리를 존중한다. 각자가 D그룹을 대표한다는 자세로 항상 단정한 복장, 예의바른 행동, 품위 있는 언어로써 D그룹인의 명예를 지킨다. 공평무사하게 업무에 임하며 약속을 지키고 거짓말, 변명, 뒷다리 잡기 등 비윤리적 행위를 하지 않는다.

원칙은 반드시
지켜져야만 하는 것

인재원장으로 근무할 때 필자는 원칙을 몇 가지 정해 직원들과 공유했다. 이를테면 이런 원칙이었다.

- 1주에 한 번 일대일 면담을 실시한다.
- 면담은 다음 4개의 기준으로 이루어진다.

  첫째. 주제를 가지고 한다.
  둘째. 처음 5분은 직원이 먼저 이야기한다.
  셋째. 업적과 역량에 대해서만 이야기한다.
  넷째. 면담 시간은 20분을 넘기지 않는다.

조직의 장으로서 조직의 구성원들과 면담을 하다 보면 온갖 대화가 오간다. 그러다 보면 한두 시간은 금방 지나간다. 많은 이야기를 나누었으나 면담을 왜 했는지, 면담을 통해 얻고자 한 바가 무엇인지 모를 때도 있다. 한참 동안 주제 밖의 이야기로 허비한 뒤에야, "그 과제는 지금 어떤 상태냐?" 하고 묻는 일이 비일비재하다. 한편 면담 시간 동안 직원의 입장에서 가장 곤욕스러운 경우는 듣기만 해야 할 때다. 면담을 하는 상사 중에는 직급이 높아지고 나이가 많아질수록 아무래도 직원의 이야기를 들으려 하지않는 경우가 있다. 직원을 불러 놓고는 실컷 자기 이야기만 한다. 한두 번쯤은 들어두면 다 도움이 되는 의미 있는 이야기겠지만, 어린아이도 아니고 몇번 듣다 보면 짜증이 난다. 심한 경우에는 듣고 보니 결국 지난번과 같은 이야기다. 혹은 지난번에 말한 것과는 상반되는 결론을 그다음 면담에서 강력히 주장하는 등 일관성 없는 설교를 늘어놓기도 한다. 만약 면담 원칙을 정해놓고 확실히 견지한다면, 면담 당사자 모두에게 알찬 시간을 보낼 수 있을 것이다.

비단 '면담'에서만 '원칙 정해놓기'라는 전술이 유용한 것은 아니다. 김 상무는 매일 아침 7시에 출근한다. 회사가 정한 원칙이 아닌 김 상무 자신이 정한 원칙이다. 일찌감치 출근한 김 상무가 가장 먼저 하는 일은 자신이 해야 할 6가지 일을 정하고 그것을 직원들과 공유하는 것이다. 약간의 차이는 있지만 직원들에게 전송하는 시간은 대략 7시 15분이다. 김 상무는 중요한 일일수록 오전 내에 처리한다는 원칙도 갖고 있다. 가능한 한 오전에는 미팅을 최소화하고, 하루에 1명 개인 면담을 실시한다. 일을 겹치기로 하는 경우는 설대로 없다. 젊었을 때는 A업무를 하다가 메일을 확인하거나 전송하고 복사를 하는 등 여러 가지 업무를 동시에 처리했는데 차장이 되고부터는 무슨 일이 있어도 하나의 업무를 끝내기 전에 다른 업무를 시작하지 않는 습관을 몸에 붙였다.

이렇듯 김 상무는 가장 중요한 일을 마치고 10분 정도 휴식을 취한 후 개인 면담을 실시한다. 면담은 사전에 통보된 사람과 주어진 과제를 가지고 실시한다. 최대한 경청하려고 노력하며 마지막에 자신이 원하는 이야기를 하는 편이다.

술자리가 많고 한번 술자리에 참석하면 과할 정도로 많이 마시는 회사의 조직문화 속에서도 김 상무는 자신만의 원칙을 반드시 견지하고 있다. 1차만 즐긴다는 것이다. 1차가 끝난 후 2차는 절대 가지 않겠다고 직원들에게 말했다. 이 팀장은 다른 팀장과 내기를 통해 자신이 한 달 이내에 김 상무를 2차에 참석시키겠다고 호언장담을 했지만 실패했다. 어느 날 CEO와 함께하는 저녁 회식이 끝나고 임원들이 2차를 가게 되는 상황이 발생했다. CEO는 사정이 있는 사람은 참석하지 않아도 된다고 했지만, 모두가 2차에 가는 분위기였다. 김 상무는 본부장에게 양해를 구하고 귀가했다. 다음 날, "김 상무는 그 어떤 일이 있어도 2차는 절대로 가지 않는다"라는 소문이 회사에 퍼졌다. 사실 업무 외 술자리에서 2차를 가느냐 여부가 반드시 지켜져야 할 원칙이라는 것은 무리가 있다. 그러나 임원이 원칙을 정해 직원들에게 공표했다면 그 원칙은 어떤 일이 있더라도 지켜지도록 최선의 노력을 해야 한다. 상황에 따라 이랬다저랬다 한다면 그것은 이미 원칙이 아니다. 자신의 상황은 어쩔 수 없는 것이고 직원의 상황은 용인될 수 없다는 식이라면 그것이 바로 갑질이다.

임원은 자신이 말한 사항에 대해 그 누구보다도 철저한 사람이어야 한다. 또 하나 분명히 기억할 사항이 있다. 임원은 이전 임원이 직원에게 한 약속은 일정 기간 지켜줘야 한다. 가자마자 이전 임원의 원칙이나 약속을 폐지하면 직원들은 이 또한 지나간다는 생각을 하게 된다.

직원들의 마음을
훔치는 법

오늘날 경영자는 경영환경 변화에 따라 리더십 스타일까지 바꾸는 유연함과 자기 변신이 그 어느 때보다 필요하다. 과거에 성공을 거두었다고 해서 동일한 전략으로 계속 밀어붙였다가는 변화하는 환경에 적응하지 못하고 외려 그 전략 때문에 망할 수 있다. 크라이슬러 사의 리 아이어코카(Lee Iacocca)가 바로 그런 나쁜 사례의 주인공 중 한 명이다.

아이어코카는 포드 사에서 활약하다 포드 2세와의 불화로 회사를 떠난 뒤 1970년대 말 파산 위기에 빠진 크라이슬러 사의 수장으로 업계에 복귀했다. 그는 외부적으로는 정부로부터 구제금융을 받고, 조직 내에서는 비용절감을 통해, 또 마케팅 측면에서 제품 다양성을 확대하는 등의 노력을 통해 크라이슬러를 제 궤도에 올려놓았다. 그러나 이러한 성공적 결과에도 불구하고, 강력한 카리스마에 기초한 아이어코카의 리더십은 특유의 독선과 소통 부족으로 시대의 흐름에 뒤떨어진 디자인을 밀어붙이는 등 여러 번의 오판과 트러블을 야기했는데, 임직원들은 그의 권위에 눌려 반대를 하지도 못하고 이렇다 할 대안도 내놓지 못했다. 회사는 결국 커다란 위기에 봉착했다.

거대 조직을 이끌기란 쉽지 않다. 환경이 어떻게 변하고 있는지, 경쟁 업체가 어떤 전략으로 시장을 재편할지 그때그때 예리하게 파악하기는 매우 어렵다. 지속성장을 위해서는 기획·생산·마케팅·관리 전 분야에서 예외 없이 경쟁사들과 차별화된 경쟁력을 갖추어야 한다. 그리고 이 경쟁력을 키우는 데 가장 중요한 요인으로 작용하는 것이 바로 임원과 리더십이다. 임원은 구성원들을 하나가 되도록 만들어야 하며 또 올바른 방향으로 흔들림 없이 이끌어가는 리더십을 발휘해야 한다. 아무리 좋은 전략과 방안이라고 해도 이를 추진하여 성과를 내기 위해서는 함께 일하는 구성원들의 마음을 훔쳐야 한다.

임원 한 사람이 뛰어나다고 해서 훌륭한 기업을 영속적으로 유지할 수는 없다. 미래를 내다보고 자신의 전문성을 키우고 또 후배들이 성장할 수 있는 토양을 만들어주는 것이 중요하다. '경영의 신(神)'이라고도 불렸던 도시바의 전직 회장 도코 도시오(土光敏夫)는 일본 역사를 움직인 24인 중 한 명으로 평생 스스로를 낮추며 근검절약과 근면·성실의 아이콘이자 또 집념의 사나이였다. 그는 평소 다음 3가지를 강조하며 살았고, 그것을 몸소 실천했다. 첫째, 일이 되고 안 되고는 자신의 능력이 아니라 집념의 정도에 달린 것이다. 둘째, 회사에 출근하는 순서는 직급순이다. 셋째, 회사가 망하면 직원도 없다. 회사가 망하기 전에 사원들은 지금보다 머리를 세 배 더 써라. 돈을 많이 받는 중역은 지금보다 열 배 더 일하라. 나는 그보다도 더 일하겠다.

직원들이 두려워하며 존경하는 것은 경영자의 포지션에서 비롯된 권위나 전문가적 식견이 아니다. 직원들은 경영자의 진심에서 우러나온 말과 행동에 감동받아 실행으로 옮긴다. 삼성전자 장병조 부사장이 어느 날 교통사고로 갑작스럽게 숨을 거두었다. 빈소를 찾은 회사 직원들은 그를 "1만 명 직원 한 사람 한 사람을 적어도 한 번씩은 따로 만나 고민을 들어준 분"으로 기억했다. 생산라인 여직원들은 "누구보다 우리의 꿈을 잘 헤아려주신 분"이라며 울먹였다. 집 떠나 기숙사 생활을 하는 어린 직원들에게 마음을 붙이라며 사업장 내에서 강아지를 기를 수 있게 해주었고 여사원들과 함께 자장면을 먹으며 밤을 새웠으며 사원 한 사람 한 사람을 만나 자판기 커피를 나누었다. 그는 따뜻한 마음으로 1만 명 직원들의 마음을 훔친 것이다.

세계 초일류 기업 마쓰시타 전기를 창업한 창업주 마쓰시타 고노스케도 '마음을 훔치는 사람'이었다. 그는 어릴 적 매우 가난해 중학교도 가지 못했으며, 병약하여 오래 못 살 것이라는 이야기를 들었다. 그래선지 그는 늘 감사하는 마음으로 살았다고 한다. 가난했기 때문에 절약하는 마음을 가질 수 있었고, 초등학교밖에 못 다녔기에 함께 일하는 모든 사람에게서 배우려는 마음을 가졌고, 병약했기 때문에 건강의 소중함을 잊지 않았다고 한다. 하루는 마쓰시타 고노스케 회장이 사원 식당에서 점심을 먹으려고 자리에 앉았다. 그날의 메뉴는 스테이크였다. 회장은 두 조각을 잘라서 한 조각을 먹다가 포크를 내려놓고는 주방장을 청했다. 주방장이 나오자 회장도 일어나 주방장에게 다가가며 정중히 고개를 숙이고 말했다. "이 스테이크는 지금까지 내가 먹어본 것 중 가장 맛있다. 하지만 지금 내가 속이 안 좋아서 도저히 더는 먹을 수가 없다. 내가 그냥 일어나서 나간다면 사원들이 이상하게 생각할 테고, 남긴 음식을 본 주방장은 마음이 얼마나 불편하겠나? 다 먹지 못해 정말 미안하다."

임원이 되고 싶은 사람은 먼저 사람의 마음부터 훔쳐야 한다. 사람의 마음을 훔치는 사람이 되려면 우선 자신의 인품부터 갖추어야 한다.

조 팀장,
임원은 책임지는 사람이야!

조 팀장은 인사실에서 조직을 담당하는 핵심인재였다. 매년 10월이면 조 팀장은 암실에서 회사의 조직설계 및 임원인사를 준비한다. 각 사업본부장을 개별 방문해 사업부 개편에 대한 의견을 듣고 경영환경 분석, 경쟁사 동향, 회사 경영 및 임원 현황 등의 자료를 종합하여 4단계(조직설계-기존 임원 인사-신규 임원 인사-팀장 인사)로 업무를 추진한다. 조 팀장은 사업본부장들의 의견을 취합하고, 분석 자료를 기반으로 조직개편안을 경영지원본부장에게 보고했고, CEO의 승인하에 기존 임원 인사를 추진하던 중 경영지원본부장의 호출을 받았다. 경영지원본부장인 김 사장은 금번 임원 인사에서 자신을 제외하라고 지시했다. 표면적 사유는 개인 건강 문제였지만, 김 사장이 5년 전 영업본부장으로 재임했을 때 의사결정한 사안이 문제가 되어 회사에 피해를 주었기에 책임을 지고 퇴직하겠다는 뜻이었다. 김 사장이 영업본부를 떠난 것은 벌써 2년이 넘었고, 의사결정을 한 것은 5년 전 일이었다. 조 팀장은 "본부장님의 방향제시와 명확한 의사결정으로 현재 경영지원본부가 큰 성과를 창출하였고, 흩어졌던 임직원이 하나가 되어 더 큰 성과를 이루겠다는 열정이 대단한데, 본부장님이 그만두시면 이 본부는 무너집니다." 하며 재고해 주십사 간절히 요청했다. 김 사장은 "임원의 책임은 유한이 아닌 무한이며, 임원은 책임을 지는 사람이다"라면서 조 팀장을 돌려보냈다.

많은 기업에서 안전사고 또는 여러 불미스러운 사고가 갑작스레 발생하면 대체로 '꼬리 자르기'를 한다. 현장에서 일하는 도급회사 사원 3명이 사고로 사망했는데, '도급회사의 안전관리 미준수'를 이유로 본사 공장에서는 그 누구도 책임을 지지 않는다. 공장 안전을 책임지는 부서 역시 우리와는 무관한 일이라고 한다. 공장에서 일하던 사람이 3명이나 숨졌는데 책임지는 사람은 도급회사의 작업반장 한 사람이다. 언론에 보도되고 정부의 감사가 시작되니까 그제야 현장 감독자를 징계했다고 발표한다. 현장팀의 팀장부터 임원 그 누구도 '나는 모르는 일'이라고 한다. 이런 회사에서 과연 직원들이 무엇을 배우겠는가? 자신에게 불리한 일이 생기면 숨기기 급급하게 되지 않을까. 빠르게 조치하면 쉽게 처리될 사건을 쉬쉬하며 키우게 된다. 조직 내에서는 '나만 아니면 된다.'라는 불신문화가 팽배하고, 실패 가능성이 조금이라도 있으면 아예 그 일에 뛰어들려고 하지 않는다. 남이 나의 일에 참견하면 참지 못하며, 자신 역시 남이 잘못하고 있어도 관여하지 않는다.

임원은 자신의 말과 결정에 책임을 지는 사람이다. 임원의 언행을 본받아 수많은 미래의 임원이 육성되는 것이다. 직장생활을 하다 보면 한 사원과 저녁 약속을 해둔 날짜에 하필 CEO가 갑작스레 저녁을 같이하자고 호출하는 경우가 있다. 이러면 보통은 해당 사원에게 전화해서 통보하듯 약속을 취소하고 CEO와 함께하는 저녁 식사 자리에 참석한다. 과연 이런 행동은 옳은 것인가? 물론 선약이 중요하니 무조건 지키라는 것은 아니다. 하지만 책임지는 자리에 있는 사람이라면 일방적으로 전화로 통보해서 취소하는 방식은 좋아 보이지 않는다. 아무리 말단 사원이라도 직접 찾아가 양해를 구하는 것이 좋고, 최소한 그 다음 약속이라도 잡아야 한다. 어쩔 수 없이 약속을 지킬 수 없게 된 경우, 반드시 직접 찾아가 양해를 구하고 다음 날 배려에 대한 감사 쪽지와 조그만 선물을 사서 미안하다는 말을 전하는 것이 책임지는 사람이 하는 행동이다. 이렇게 함으로써 그 직원의 마음도 잃지 않을 수 있다. 혹시 아는가? 그 직원의 마음을 얻을 수 있을지. 사람을 잃기는 쉬워도 그의 마음을 얻기란 매우 어려운 법이다. 임원은 책임지는 모습 속에 함께하는 직원들의 마음속에 간직이 되는 사람이 되어야 한다.

"하라면 해" 시대가 아닌
"이거 해줄 수 있나요?"

1980년대 초에 입사한 신입사원은 상사에게 늘 명령조의 이야기를 들어야 했다. 당시는 과부제(課部制)였고, 모든 정보력이 과장에게 집중되었다. 외부 정보는 전부 과장이 독점했고 사내외 각종 모임에도 과장이 참석했다. PC가 없던 시대였으니 보고서도 손으로 작성해야 했다. 악필인 경우에는 답이 없었다. 그래서 같은 과의 여사원에게 간청해 그녀가 타자로 쳐주면 그날은 정말 행복한 날이었다. 과장이 "홍길동 씨"라고 부르면 그건 과장이 뭔가 아쉬운 소리를 할 것이라는 신호다. 대부분 "야!" 아니면 "너"였다. 당시에는 업무를 던져주고 하라고 하면 밤을 새워서라도 끝내야 했다. 끝내지 못하면 온갖 호통과 비인격적인 언사를 각오해야 했다.

필자도 그런 시절을 겪었다. 당시 인사과 사원이었는데, 어느 날 과장이 불러서 가니 다른 부서의 L선배와 함께 퇴근해서 그 사람이 무슨 일을 하는지 관찰한 뒤 내일 보고하란다. 왜 내가 그 사람과 퇴근을 같이 해야 하며, 그 사람의 저녁 일정을 보고해야 하는지는 차마 묻지 못하는 시대였다. 하라고 하면 이유를 불문하고 해내야 했다. '내가 고작 이런 일이나 하려고 입사했나' 고민하다가 L선배에게 전화해서, 퇴근 이후의 일정을 내일 아침에 알려 달라고 했다. 그날 이후 내게 노무 업무는 주어지지 않았다.

시대가 바뀌었다. 요즘은 평사원이나 대리들이 더 많은 정보를 더 빨리 검색하고 활용할 줄 안다. 직무 전문성도 높으며 다양한 지식을 겸비하고 있다. 어학 역량이나 PC 활용 역량이 뛰어나 1980년대에는 일주일 이상 소요되던 일도 이젠 서너 시간이면 끝낸다. 대부분 조직이 팀제로 되어 있어 갑작스럽게 떨어지는 수많은 업무를 수행해야 하는 경우도 별로 없다. 자신에게 맡겨진 직무를 수행하면 될 뿐이며 굳이 선배와 고참에게 일일이 보고하고 주의를 듣는 일은 없다. 그들 역시 똑같은 팀원으로서 자신의 직무를 수행하기 때문이다. 팀장이 과거 자신이 신입사원 시절처럼 "시키면 시키는 대로 해"라는 말도 이젠 할 수가 없다. 무리한 강요와 폭언을 견디고 이 회사에서 관리자가 되고 임원이 되기 위해 자신의 생활을 포기하며 헌신하겠다는 생각은 요즘의 신입사원들에게는 매우 낯설다. 오늘날의 젊은 세대는 자신의 직무가 아니면 "제가 왜 이것을 해야 하나요?" 하고 분명하게 되묻는다. 자신이 설정한 목표에 따라 그날의 일정이 마무리되면 주변 눈치 안 보고 퇴근하는 세대이다. 내가 쪼면 쫄수록 성과가 나겠지 하는 생각으로 이끌어서는 안 된다. 내가 먼저 언행의 솔선을 보여 본분이 되어야 한다. 언행의 본을 보여준다고 다 되는 것이 아니다. 더 중요한 것은 직원의 마음속에 사전 공감대를 형성하는 것이 무엇보다 중요하다.

예전에 필자가 근무한 어느 회사에는 두 명의 뛰어난 과장이 있었다. 그 둘에게 팀장이 되기를 원하는지 확인해 본 뒤 팀장이 되도록 도와주겠다는 약속을 하며 도전적인 과제를 부여했다. 한 사람은 예상대로 성실히 과제를 수행했을 뿐 아니라 자발적으로 새로운 과제를 만들어 더 많은 성과를 내서 회사로부터 큰 인정을 받았다. 그러나 다른 한 명의 과장은 나와의 사전 공감이 충분히 이루어지지 못했던 것인지 주어진 과제를 벅차다고 느낀 것 같다. 과제를 부여한 지 채 3개월이 지나기 전에 찾아와 다른 부서로 가고 싶다고 했다. 팀장이 자신만 미워하며 무리하게 일을 줌으로써 힘들다는 것이 사유였다.

임원은 함께하는 사람에게 임파워먼트와 동기부여를 해가며 조직 공동의 목표를 달성하도록 이끄는 사람이다. 함께하는 사람과 공감대를 제대로 형성하지 못하면 일이 진척되지 않거나 업무의 수준이 낮다. 시켜서 하는 일에는 한계가 있다. 그들이 자발적으로 일을 찾고 일의 수준을 올리기 위해 고민하고 몰두하지 않으면 좋은 결실을 맺기 어렵다. 시키는 대신 부탁하고, 부탁하기 전에 스스로 알아서 하도록 조직문화를 만들어내는 일, 그 또한 임원이 해야 할 일이다.

그들은 왜
실행하지 않을까?

　회장이 갑자기 인사혁신실의 홍 상무를 호출한다. 수첩을 들고 회장실을 노크하고 들어가니, "홍 상무, 왜 회사 임원들이 악착같이 실행하지 않나? 그 이유가 무엇이라고 생각하는가?" 하고 앉기도 전에 묻는다. '왜 불렀을까' 고민 중이었는데 뜻밖의 질문을 받으니 말문이 막힌다. 이야기를 꺼내기도 전에, "건물을 짓는데 법이 문제라면 담당 공무원을 찾아가 취지와 효과를 설명하여 법을 바꿔서라도 건물을 지어야지, 법 때문에 안 된다는 말을 반복하는 것이 임원인가? 홍 상무, 한 달 이내에 원인과 대책을 가져오세요."

　회장으로부터 일방적 지시를 받은 홍 상무는 부랴부랴 팀장들을 불러 모았다. 회장 지시사항을 전달하고 방법을 토론해 보자고 했으나, 다들 서로의 얼굴만 바라볼 뿐이다. 인사혁신실 차장 이상 전원이 1박 2일 워크숍을 떠났다. '왜 임원들은 악착같이 실행하지 않나?'

라는 주제로 밤늦게까지 방안을 모색했지만 그저 이론만 난무했으며, 구체적 실천방안이 담긴 보고서로 완성해 내기에는 그 수준이 매우 낮았다. 그러던 중 생각을 한번 전환해 보기로 했다. 우리가 해결하려 하지 말고 문제의 당사자로 지목된 임원들에게 묻는 것이 낫겠다는 생각이 든 것이다. 홍 상무가 직원들에게 제안했다. "우리가 이렇게 워크숍을 하는 것처럼 임원을 6개 조로 나누어 1일 동안 집중 토론을 시켜보면 어떨까?" 다들 신의 한 수라며 찬성한다.

이후 회사의 임원들을 6개 조로 나누고 1일 1차수씩 6일에 걸쳐 호텔에서 집중토론회를 개최했다. '왜 우리는 악착같이 실행하지 않는가?'라는 주제로 토론하고 개선방안 보고서를 내는 것이 워크숍의 과제였다. 워크숍 통보를 받은 임원들은 처음에는 몹시 황당해했지만, 회장의 지시사항인 데다 반드시 결론을 내라는 엄명까지 있었기에 8시부터 18시까지 진행된 토론회는 밤이 늦도록 끝나지 않았다.

1조의 토론 결과를 정리해 다음 날 아침 회장 책상 위에 올려놓았다. 회장이 오전 9시 반에 다시 홍 상무를 호출한다. "임원들이 생각하는 수준이 이러니 문제다. 임원들은 사업가적 마인드를 갖고 CEO처럼 일해야 하는데, 내용을 보니 내 탓은 없고 전부 남 탓이다. 이래서는 회사의 내일이 없다. 본부장들 전부 불러라." 전날 토론에 참석했던 A본부장은 사색이 되었다.

그 다음 날에는 2조의 토론 자료도 정리하여 보고했고, 이런 식으로 6조까지의 발표 자료를 최종 정리하여 5개 원인과 4개 해결방안을 회장에게 제시했는데, 그 가운데 '임원 역량강화 프로그램', '주 1회의 전사 실행 사례 선정 및 공유', '임원 인사평가 제도 개선', '실천적 회의' 등의 항목이 과제로 선정되어 추진이 이루어졌다.

어째서 임원들은, 그리고 조직구성원들은 CEO의 바람대로 악착같이 실행하지 않을까? 사실 리더십이 뛰어난 임원, 즉 조직과 구성원의 가치를 향상시키려 노력하는 임원, 한 사람 한 사람의 목소리를 경청하며 혁신하려는 임원이라면 함께 일하는 구성원들로부터 존경을 받게 되고, 따라서 이 임원의 지시에 따르지 않거나 불만을 표하는 일은 거의 없다. 오히려 탁월한 역량을 갖춘 임원이 자신의 상사라는 사실에 자부심을 느끼며 고마워한다. 그런 마음을 가진 구성원은 상사나 임원으로부터 그 어떤 일을 요청받더라도 최선을 다해 해내려는 의지를 다진다.

중견기업 C사에 대한 컨설팅을 시행할 때의 경험담이다. 재무본부 직원들이 유독 활력이 없었다. 출근하며 "안녕하세요" 인사를 하기는 하지만 사람들의 얼굴을 본다거나 시선을 주지 않고 형식적으로 외치고는 자기 자리로 가기 바쁘다. 이미 출근해서 자리에 앉은 사람들에게는 관심이 전혀 없어 보인다. 분위기 파악을 못한 신입사원이 "안녕하세요" 하며 응답하지만 그 다음은 없다. 고참이나 관리자는 아예 인사 자체를 하는 법이 없다. 자기 자리에 앉아 바로 PC를 켠다.

컨설팅을 위해 우선 설문을 실시했다. 재무본부는 '우리 회사는 좋은 회사다.', '우리 회사의 급여와 복리후생 수준은 경쟁사에 비해 좋은 편이다.', '우리 회사는 미래 성장 가능성이 있다.'등의 회사에 대한 충성도는 매우 높은 편이었으나, '나는 일이 있으면 밤 늦은 시간까지 일을 마무리하겠다.', '내가 수행하는 직무는 매우 중요하다.', '지금 수행하는 일을 지속하면 나는 전문가가 될 수 있다고 생각한다.' 등의 직무와 회사 분위기에 대해서는 대체로 부정적인 응답이 나왔다. 심지어 "자신의 동생이나 후배에게 이 회사 입사를 권유하겠느냐?" 라는 질문에 대해서는 긍정응답률이 0%였다. 자신이 몸담고 있는 회사인데도 추천하겠다는 사람이 단 한 명도 없었다. "만약 현재의 연봉과 동일하게 다른 회사에서 동일한 직무로 스카우트를 제의한다면 옮기겠느냐?" 하는 질문에 대해서도 절반 이상이 "옮기겠다"라고 응답했다. "함께 근무하는 동료들과 퇴직 후에도 지속적 관계를 이어 가겠다."라는 질문에 대한 긍정응답률은 10% 정도로 아주 낮았고, "내가 하는 일에는 불필요한 일이 많다"라는 항목에 대해서는 83% 긍정응답률을 보였다. 특히 이 항목에 있어서는, 회사 전체의 긍정응답률은 50% 미만인 반면, 재무본부의 긍정응답률은 83%로 매우 높은 수준이었다.

설문조사 이후 개별 인터뷰를 실시했다. 재무본부장은 한숨을 내쉰다. 일을 믿고 맡길 수 있는 팀장이 없다고 한다. 모든 일을 하나하나 점검하지 않으면 안 된다는 것이다. 재무본부는 현금흐름 관리, 외환 관리, 성과 관리, 리스크 관리 등 회사의 매우 중요한 직무를 수행하지만, 팀장 중 자신의 뒤를 이어 임원이 될 자격을 갖춘 사람이 없어 걱정이라는 이야기까지 한다. 지난달에도 현금 관리를 잘못해 회사가 큰 위험에 빠질 뻔했다면서 자신이 은행장과의 친분을 활용해 긴급조치를 취해서 다행이었지 안 그랬으면 큰일이 났을 거라고 했다. 그러면서 하루하루가 너무 힘들다고 토로했다. 재무본부의 팀장은 모두 4명이었는데, 팀장으로 선임된 지 2년이 채되지 않은 신임 팀장들이었다. 재무본부의 역할과 업무의 막중함과 견주어 경험과 연차가 많은 팀장이 필요할 것 같은데 왜 없느냐고 질문했다. 팀장들이 말을 아꼈으나, 듣자 하니 현재의 본부장이 자신과 경쟁이 될 만한 후배는 모두 다른 부서로 보냈고, 또 일부는 퇴직했다고 한다. 자신들도 능력을 발휘하면 재무본부를 떠날 수밖에 없으리라는 생각을 가진 듯 보였다. 그래서 그냥 시키는 일이나 하는 것이 낫겠다는 판단을 하게 된다고 했다. 직원들과의 인터뷰는 더욱 참담했다. 재무 쪽 일이 좋아서 입사했지만 이젠 다른 회사를 찾아보고 있다는 직원도 있었다. 어떤 직원은 상사들의 모습을 보면서 '내가 임원이 되어도 저렇게 지내야 하는가. 저 모습이 나의 미래인가' 하는 생각에 심한 갈등이 생긴다고 했다. 회사 자체가 싫은 건 아닌데 상사와 회사 분위기가 싫어서 떠나고 싶다는 사람도 있었다.

컨설팅을 위한 분석 후 CEO에게 재무본부장을 자회사로 이동시키거나 퇴직 권유를 건의했다. 자신의 욕심을 위해 조직과 구성원을 키우지 않는 임원은 이미 임원으로서 역할을 포기한 것이나 마찬

가지다. 임원 한 사람이 조직 전체를 떠맡을 수도 없으며 모든 업무를 수행할 수도 없다. 함께하는 일이 중요한데 개인만 생각하는 임원이라면 조직과 구성원은 마음이 떠난다. 직원들이 주도적이고 자율적으로 일하지 않고 그저 위에서 시키는 것만 한다면 영혼 없이 일하는 것이다. 직원들이 영혼 없이 일하도록 이끈 사람은 누구인가? 임원이 전사적 관점에서 조직과 구성원을 이끈다는 믿음이 없으면 조직 구성원들은 결코 실행에 나서지 않는다. 임원이라면, 조직은 혼자 일하는 곳이 아니라 함께 일하는 곳이라는 생각을 갖는 것이 기본 중의 기본이다.

권 상무의
위기 탈출법

철학박사이자 독일에서 가장 영향력 있는 컨설턴트인 라인하르트 K. 슈프렝어가 쓴 《자기 책임의 원칙》이라는 책이 있다. 슈프렝어는 이 책에서 '자기책임'으로 자율적 선택, 주도적 의지, 창의적 답변을 강조한다. 그는 자기존중을 하지 못하는 사람은 결코 다른 사람도 존중하지 못한다면서, 모든 의사결정의 기본은 '자기존중'임을 밝힌다. 자기존중의 기반이 있어야만 '책임지는 사람'이 될 수 있다는 의미다.

여기 2가지 사례가 있다. 그중 하나는 이가 빠진 갈퀴로 나뭇잎을 치우는 정원사 이야기이다. 왜 이가 빠진 갈퀴로 일을 하고 있느냐고 누군가 물으니 "어떤 도구로 일을 하느냐는 내 소관이 아닙니다."라는 답이 돌아온다. 자신은 나뭇잎을 치우는 일만 할 뿐 갈퀴를 새것으로 바꾸는 책임은 주인의 몫이라는 것이다. 이런 식으로 핵심적인 문제에 대해서도 자기 스스로 고민하지 않는 일꾼이라면 그가 하는 일이 제대로 완성될 리 만무하다.

또 이런 사례도 이야기해 볼 수 있다. 신 팀장은 출장 중인 변 상무를 대신해 본부 회의에 참석했다. 총 3건의 안건이 논의되었는데 신 팀장은 변 상무 대리인지라 한마디도 입 밖에 꺼내지 않았다. 제시된 안건 3건이 모두 통과되었는데 소속 부서 입장에서 보면 매우 불합리한 결정이었다. 나중에 보고를 받은 변 상무는 결정된 사안을 모두 수용할 수밖에 없었다. 결의안이 채택된 만큼, 자기 대신 참석한 신 팀장의 침묵까지도 자신의 책임으로서 받아들여야 한다고 생각했기 때문이다.

위의 두 사례 중 '자기존중'과 '책임지는 태도'를 가진 쪽은 누구일까? 정원사인가, 변 상무인가?

직원들이 조직의 성과를 중심에 놓고 의사결정을 하며, 자신의 결정에 대해서는 끝까지 책임을 질 수 있도록 해야 한다. 직원들이 잠재력을 발휘하게 하려면 임원은 직원들을 어떤 방식으로 이끌어야 하는가? 변 상무처럼 자신이 선택한 상황과 환경까지 감안하여 그 선택의 결과에 대해서도 책임을 져야 한다.

사실 기업이 어느 방향으로 가야 할지 그에 관해 가장 잘 아는 사람은 담당자와 소속 조직장이다. 그럼에도 불구하고 CEO와 뜻이 다를 때 이들이 과감히 문제 제기를 하고 그에 대해 책임을 지겠다는 태도를 보이기란 결코 쉽지 않다. 대체로 우리 기업들은 실패에 관대하지 않으며, 이런 풍토를 가진 기업에서 CEO나 상사에 대한 반대란 있을 수 없는 일로 여겨진다. 한 가정을 이끌어나가는 가장으로서 어깨가 무거운 사람이라면 어떡하든 조직에 오래 몸담고 싶을 테고, 따라서 인사권을 잡은 상사의 지시에 "아니요"라는 의사표시를 하는 것은 거의 불가능하다. 사원이나 과장만 '퇴직'을 두려워하는 것이 아니다. 어찌 보면 임원들이 더 '퇴직'을 두려워한다. 정년퇴직을 하더라도 충격이 큰데, 갑자기 CEO로부터 퇴직을 통보받으면 그것이야말로 청천벽력이다. 그래선지 정말로 중요한 의사결정을 내려야 하는 자리에 있는 임원들이 더욱더 "아니요"라고 말하지 못하고 CEO의 눈치를 보면서 일을 한다. 그러나 침묵하거나 반대하지 못하고 추진한 일이 잘못되었을 때, 그 결과를 인정하고 책임져야 하는 사람이 바로 임원이다.

자기 잘못을 만천하에 공개하고 자신이 책임지겠다고 말하는 것은 큰 용기를 필요로 하는 일이다. 그러나 자신이 잘못 내린 결정에 대해 남에게 책임을 전가하거나 자신이 하지 않은 일이라며 부정하는 것은 임원으로서 해서는 안 될 행동이다. 거듭 강조했듯이, 임원은 책임지는 사람이기 때문이다. 자신이 아닌 조직 구성원이 한 일도 자신의 업무 범위에 있는 일이라면 책임을 져야 한다. 만일 공장에서 사고가 일어나 사상자가 발생했다면 조직장이 지휘책임을 져야 한다. 조직장이 "내가 잘못한 일이 아니고, 어쩔 수 없는 상황 또는 그들의 잘못에 의해 사상자가 생긴 건데 난들 어떻게 하느냐?"라고 말한다면, 조직 구성원은 이 조직장을 떠날 것이다. 구성원들이 보는 것은 조직장의 말과 행동이다. 조직장이 앞뒤가 다르게 행동하거나 책임져야 할 일에서 물러선다면 과연 누가 그 조직장을 존경할 것이며, 그의 지시를 따르겠는가? 입으로만 책임지는 임원은 구성원을 이끌고 갈 수 없다. 결국 중요한 것은 신뢰다. 임원은 조직과 구성원에게 책임지는 태도와 본보기를 보여야 한다.

그런데 이런 '책임지는 태도'를 지닌 임원이 누구인가는 역시 회사가 위기일 때 알아차릴 수 있다. 회사가 안정적으로 굴러가고 꾸준히 수익이 창출될 때는 잘못한 일도 서로 덮어주고 사소한 갈등은 서로 양보하며 넘어간다. 조직구성원들의 마음이 아무래도 여유로운 덕분이다. 그러나 회사의 경영이 악화되어 손실이 발생할 때, 그리하여 조직 통폐합 및 감원이 필요한 상황이 오면 부서이기주의와 개인이기주의가 극에 달한다. 상대의 잘못을 감싸주려는 마음 따위는 전혀 없다. 정글의 법칙만이 작용한다. 내가 살아남으려면 상대를 죽여야 하는 세상이 온 것이다.

권 상무의 회사도 위기에 처했다. 최근 3년간 당기순손실을 내고 있고 사내유보금도 거의 바닥이다. 조직운영비는 물론 당장 올해 임직원의 급여를 줄 수 있을까 걱정인 상태다. 전략과 재무를 담당하는 권 상무는 최악의 상태를 맞이해 전략회의를 주관했고, 임원들의 급여를 30% 반납함으로써 솔선수범 및 현 경영 악화에 책임지는 모습을 보이자고 제안했다. 그런 다음 전사적 관점에서 경비 절간 정책을 쓰되 핵심 직무와 인력에 대해서는 동요하지 않고 성과를 낼 수 있도록 동기부여를 해주자고 했다. 사실 급여 30% 반납은 임원들에게도 적지 않은 부담이었다. "굳이 이렇게까지 할 필요가 있느냐?", "권 상무는 전략과 재무를 담당하면서 회사가 이 지경까지 됐는데 뭘 한 것이냐?" 등 비난 섞인 말들이 회의 중에 오갔다. 권 상무는 모든 것이 전략과 재무관리를 잘못한 자기 책임이라며 회사가 정상화될 때까지 자신은 급여를 한 푼도 받지 않겠다고 선언했다.

권 상무는 알고 있었다. 자신이야말로 '책임'이라는 짐을 안고 있다는 것을. 다른 임직원들은 새로운 제안이나 내놓을 수 있을 뿐 책임질 생각은 없었다. 마치 투우 비평가들이 빽빽이 앉아 거대한 투우장을 꽉 메우지만, 진정으로 투우에 대해 아는 사람은 단 하나 바로 그 투우사뿐이라는 것을. 만약 자신이 업무적으로 실수를 하면 자신의 미래뿐만 아니라, 임직원의 미래와 희망까지 무너뜨리는 것이라는 사실을. 또한 단지 자기 회사의 미래만 망가지는 것이 아니라 회사와 연계된 수많은 사람의 운명과 미래까지 망가질 수 있다는 사실을. 이 점이 권 상무를 가장 괴롭혔던 점이고 고통이었다.

자신의 급여를 포기한 채 이후 권 상무는 글로벌 진출과 핵심 직무에 대한 투자를 늘리고, 임원 급여 반납과 팀장 급여 동결, 회사의 불요불급한 경비의 대폭적 축소 등등의 개선안을 밀어붙였다. 2년여 동안 임직원 모두가 힘겨운 시간을 보내야 했다. 그러나 점차 국내 영업망 정비와 신규고객 창출에 따른 이익의 증가와 글로벌 시장 진출에 따른 수요 확대로 생산 라인이 활기를 되찾았다. 오랜 인내 끝에 이루어낸 회사의 뛰어난 기술력은 고객으로부터 호평을 받았다. 2년간 최소 인원으로만 버텨오던 회사가 마침내 신입사원 채용을 실시했고, 그동안 반납했던 급여에 대해서는 이자를 포함하여 되돌려주었으며, 전 임직원에게 상여금도 지급할 수 있었다. CEO는 전 직원 앞에서 "인재는 어려울 때 더욱더 그 가치를 발한다"라면서 권 상무를 칭찬했고, 직원들 또한 권 상무가 해냈다며 인정했다.

최 상무,
영원한 CEO는 없어

자수성가한 M회장은 CEO 경력만 올해로 25년 차다. 매주 월요일 경영회의에서 회장의 결정에 반박할 수 있는 사람은 아무도 없다. 창업부터 현장의 기계가 어디에 있고 어떻게 운전되고 있는가를 다 알고, 한 사람 한 사람 어떻게 입사하여 어디서 어떤 성과를 내고 있다는 것을 다 알고 있기 때문이다. 거기에다 누구보다 확보하고 있는 정보도 많으며, 직책도 가장 높은 것은 물론 나이도 가장 많은 사람이 바로 M회장이었기 때문이다. 성격은 불같아서 마음에 들지 않는 사항은 잠시도 참지를 못한다. 의사결정도 빠르고, 결정된 사안에 대해서는 신속히 실행할 것을 지시했다. 날마다 아침 8시면 출근해 사업본부장과 현황 및 이슈를 놓고 토론을 벌이는 일일회의를 주관한다. 사실 이 '일일회의'는 처음에는 가벼운 티타임으로 시작된 것인데, 어느 순간 8시 미팅이 경영회의보다 더 비중 있는 회의가 되었다. 일일회의의 진행은 이랬다. 일단 회의의 시작은 마감이 지난 안건을 꺼내면서 시작한다. 마감이 지났는데도 일에 마무리되지 않은 이유를 분석하는 자리다. 그래서 회의가 시작되면 해당 본부장은 죽을 맛이다. 회장에게 혼날 일이 끔찍하기 때문이다. 그러고 나면, 사업본부장들이 2~3가지 당일 처리해야 할 주요 이슈를 이야기한다. 회장이 듣고 자신의 견해를 말한다. M회장이 보기에 마음에 들지 않는 내용이 보고되면 다시 한번 불호령이 떨어진다. 이 회의에서 회장은 날마다 3~4개의 지시사항을 내놓는데, 문제는 허락된 처리 기간이 매우 짧다는 것이다. 통상 1시간 반 진행되는 일일회의는 결정된 사안에 대해 어느 부서에서 언제까지 끝낼지를 확인하고 종료한다. 아침 미팅이 끝나면 각 사업본부별 미팅이 이어진다. 각 본부의 기획부서와 담당자는 매일 오후 5시 이전에 다음날의 미팅을 위한 일일보고를 취합하여 총괄 부서에 전송한다.

현재 1조 매출을 하는 이 회사는 10년 전만 해도 매출은 1,000억 원이 되지 않았고 영업이익은 50억 원 수준이었다. M회장의 무모한 도전이 시작되었다. 사람이 답이라는 생각으로 인재를 엄선해 채용하고 육성한다는 정책을 10년 넘게 한결같은 마음가짐으로 펼쳐나갔다. 그 덕분에 업계에서는 M회장이 이끄는 N사의 인재를 스카우트하고자 혈안이 될 지경이었다.

그런데 M회장의 용인술은 좀 독특한 데가 있었다. 어느 날 회장이 인사실을 맡고 있는 최상무를 불러 뜬금없는 질문을 했다. "우리 회사를 초일류기업으로 만들어 후손들에게 물려주려면 매출과 영업이익이 얼마쯤 되어야 하나?" 최상무는 "지금 기준으로는 10조는 되어야 한다. 또한 회사가 1조 5천억의 영업이익을 달성한다면 우리 회사는 가장 근무하기 편하면서도 생산성이 최고인 회사가 될 것이다. 지속적으로 이렇게 이끌고 싶다."고 이야기했다.

CEO는 빙긋 웃으면서 "나의 꿈은 우리 회사가 50조 매출에 5조의 당기 순이익을 창출하는 것이다. 아마 15년 후면 기대할 수 있겠지. 하지만 내가 5년 후까지 이 자리에 있는 것은 불가능하다. 작년부터 CEO 후보자 5명을 선정하여 부서를 옮기도 도전과제를 부여하고 한 달에 한 번 나와 개별 미팅을 하고 있다. 최 상무, 영원한 CEO는 없는 법이야. CEO는 조직과 구성원에게 꿈을 갖게 해주고 그 꿈을 달성하도록 강하게 이끄는 사람이야. 너무한다, 냉정하다는 비판을 받으면서도 회사가 지속성장하도록 후계자를 선발해 키우고, 조직과 구성원의 경쟁력을 올려 성과를 창출해야만 하거든, 최 상무가 인사를 잘해야 하는 이유이기도 하고." 라고 말하며 최 상무를 격려한다.

최 상무는 회장의 마음가짐과 무엇을 가장 중시 여겨야 하는가를 배웠다. 회사가 지속 성장을 하기 위해서는 사업 경쟁력이 있어야 하며, 이를 이끄는 것이 바로 사람이다. 사업의 경쟁력을 키워 매출과 영업이익에서 획기적 성장을 가져가고, 중요한 직책에 대해서는 후보자를 사전에 선정하여 강하게 키워야 함을 배웠다. 중요 직책자의 부재 시 차질 없이 업무가 수행되도록 신속하게 역량 있는 인재를 선임하고, 이들이 거인의 어깨 위에 올라타 더 큰 성과를 창출하도록 사전에 준비하고 실행해야겠다고 다짐했다.

임원이 되는 과정이
가장 힘들었습니다

　대나무 중 최고인 모죽은 씨를 뿌리고 5년간은 죽순이 자라지 않는다. 그러다 5년이 지나면 죽순이 돋아나기 시작해 하루에 70~80㎝씩 자라고, 6주쯤이면 30m까지 자라난다. 그러면 5년 동안 모죽은 어떤 상태일까? 그 기간 동안 뿌리가 땅속 사방으로 수십미터나 뻗어 있었다. 6주간의 성장을 위해 무려 5년간 기초를 다져 온 것이다. 이런 단단한 뿌리가 있으니, 30m까지 높고 거대한 줄기를 지탱할 수 있을 것이다.

　김 상무는 임원이 되는 자는 모죽과 같아야 한다고 강조한다. 10년 이상을 바라보는 비전과 전략 그리고 올바른 인성이 바탕이 되어야지, 단기 실적을 높이는 방안에 매달리면 결국은 무너져 버린다. 김 상무는 임원이 된 사람들의 몇 가지 공통점을 살폈다. 일에 대한 열정과 집념, 성공에 대한 확신, 지칠 줄 모르는 노력, 자기 분야에 대한 전문성, 긍정을 바탕으로 한 밝은 인성, 그리고 긴 시간 기다리며 준비한 인내심이 그들을 임원이 되게 하였다. 최근 임원이 된 A상무는 "어느 순간, 내가 아무리 열심히 해도 나아지는 것은 없고 항상 제자리 걸음이라는 생각이 들 때 다 포기하고 싶었다. 이때, 주저앉느냐 버티느냐가 최종 성과를 창출하는 관건이었다. 이 순간을 이겨내는 과정이 너무나 힘들어 대부분 포기하고 안정을 취하거나 심한 경우 퇴직을 하지만, 나를 잡아 준 것은 성공에 대한 긍정의 믿음과 기다림이었다."고 한다.

하루아침에 성공한 기업은 없다.

창업하자마자 초일류 기업이 될 수는 없다. 오랜 기간, 수많은 실패와 도전의 과정 속에서 엄청난 시간과 노력을 통해 성장 기업이 되고, 글로벌 기업이 되고, 나아가 초일류 기업이 된다. 처음부터 초호화 시설에서, 최고의 전문성과 뛰어난 조직관리 능력 및 선견력을 가진 사람들이 모여 기업을 운영하지 못하듯, 임원이 되기 위해서는 사원의 시기, 과장의 시기, 관리자로서의 팀장의 시기를 거치고 수많은 시련을 이겨내야 한다. 콩나물 시루에 매일 많은 물을 부어도 전부 빠져나오는 것처럼 보이지만 콩나물이 자라듯이 모든 일에는 임계점이 있고, 물이 100도에서 끓듯이 변곡점이 존재한다. 아무 변화가 없어 보여도 어느 시점, 어느 지점에 도달하면 폭발적으로 변화가 일어난다. 모죽이 5년을 인내하는 것처럼 현재의 어려움을 견뎌낸다면, 그 어느 순간 자신의 역량이 눈에 띄게 향상되고, 그렇게 나오지 않았던 성과가 창출되게 된다. 모든 직장인이 임원을 원한다. 그러나 임원이 되는 사람은 극히 적은 인원이다. 이 과정이 쉽다면 누가 임원을 존경하고 따르겠는가? 보이지 않는 곳의 희생과 노력이 얼마나 힘들었으면, "내가 임원이 되는 과정이 살면서 가장 힘들었습니다."라고 A상무는 이야기한다. 임원이 되기 위해 철저한 자기관리와 수많은 역경을 이겨내야만 자신의 역할을 다하는 것이고, 구성원들도 임원의 직책과 영향력을 인정하게 된다. 그리고 회사는 임원을 믿고 그에게 더 많은 혜택과 권한을 주고 회사의 현재와 미래를 맡기는 것이다.

4장

관계

대내외 네트워크를
잘 형성하고 활용하는가?

이너 서클의 함정에 빠진 박 상무

박 상무는 A공사의 전략실 상무다. 중견 오너기업에서 경영전략 업무를 탄탄하게 수행한 바 있는 박 상무는 A공사의 전략실장 공고를 보고 지원해 경력사원으로 전략실 상무가 된 첫 번째 사례였다. 창립 30년인 공사는 10년 전만 해도 정부기관이었으나 공사로 전환된 회사다. 그래서 직원의 절반이 공무원 출신이며, 나머지 절반은 공기업으로 전환 이후 채용한 우수한 학력의 소유자들이다. 회사는 3년마다 사장이 바뀐다. 지금까지 내부승진을 한 경우는 단 한 번도 없고 정부의 국장급 인사가 사장으로 내정되어 근무하는 구조였다. 3년 임기를 다 채우고 떠난 사장이 단 한 명밖에 되지 않을 정도로 사장 자리는 변동이 심했다. 박 상무는 2년 차 사장의 지시에 따라 2가지 업무를 수행하게 되었다. 하나는 공사의 중장기 전략 수립이었고 다른 하나는 핵심가치 재정립이었다.

166

박 상무는 회사의 중장기 전략을 수립하기 위해 각 사업부의 기획 팀장 워크숍을 실시했다. 이들은 모두 입사 15년 이상의 팀장이었다. 자기 사업부의 현황과 관련해서는 해박한 지식과 경험을 갖고 있었으나, 타 사업부에 대해서는 전혀 아는 바가 없었다. 즉 전사적 관점에서 사고하는 팀장들이 별로 없었다. 이러다 보니, 각 사업부의 5년 후 전망을 주제로 토론을 해봐도 모두가 막연해하기만 할 뿐 토론이 깊어지지 않았다. 이들 모두 지시받은 일을 추진만 해보았지, 미래를 예측하며 무엇을 할 것인가 하는 고민은 해본 적이 없었던 것이다. 그 결정은 전략본부의 일이라고만 여겼다. 그런 탓에 사업부별로 5년 후의 사업구조는 어떻게 달라질 것인지, 어떤 역량을 보유한 인재가 얼마나 필요할지에 대한 개념이 없었다.

박 상무를 더욱더 곤혹스럽게 한 것은 핵심가치 문제였다. 매년 핵심가치가 바뀐다는 것이다. 새 사장이 임명되면 가장 먼저 바꾸는 것이 핵심가치라고 한다. 자신의 철학이나 원칙과 핵심가치가 맞지 않는다는 이유를 들기는 하지만, 전임자의 핵심가치를 수용하기 싫은 까닭이 더 크다고 한다. 직원들은 이구동성으로 "이번 작업도 전임자의 핵심가치를 이어가지 못하고 결국 바꾸는 것"이라며, "그것이 얼마나 가겠느냐?"며 비아냥댄다.

박 상무에게 맡긴 일에 진척이 없자 전략본부장은 박 상무에게 한 명 한 명 찾아가 인터뷰를 실시해 보라고 했다. 박 상무는 이런 일일수록 함께 모여 토론해야 한다고 했으나 전략본부장은 "이곳 분위기는 많은 사람이 모인 자리에서는 절대로 이야기를 하지 않고, 누가 자기 사업에 관해 말하는 것을 극도로 싫어한다. 모여서 토론을 하더라도 누구와 누구는 상극이라 절대로 한 자리에 앉게 해서는 안 된다고 한다." 개별 인터뷰를 하면서 박 상무는 두세 명의 본부장으로부터 우리 편에서 일하면 어떻겠느냐는 제의를 받기도 한다. 다 함께 회사 일을 하는 것인데 '우리 편'이라는 표현은 어울리지 않는다는 느낌을 받았으나, 오래 지나지 않아 박 상무도 그것이 바로 전형적인 끼리끼리 문화임을 알게 되었다. 같은 '끼리'에 속하지 않으면 업무가 제대로 되지 않는다. 같은 편이면 구하기 어려운 자료를 다양하게 제공해 주지만, 다른 편이면 만남 자체가 불가능하다. '회사를 위한 일'이라는 말조차 의미가 없다. 그저 내 편만 잘되면 된다는 주의였다. 현재 요직에 있는 사람들은 사장과 같은 편이고 그 중심에 전략본부장이 있었다. 박 상무는 본의의 의지와는 무관하게 전략본부장 사람으로 되어 있었다. 전략본부장과 맞서는 사람은 경영관리본부장으로 둘은 서로 앙숙이라고 했다. 경영관리본부장은 차기를 노린다는 말이 회자된다. 새 CEO가 임명되면 경영지원본부장이 전략본부장을 맡게 되고, 현 전략본부장은 퇴직하게 될 것이라는 말이 도는데, 그렇게 되면 전략본부장 산하의 임원과 상무들은 전원 한직으로 이동 발령이 날 것이라고 한다. 개인의 역량이나 성과는 무의미하고 오직 누가 권력을 잡고 있으며 그 사람 편에 서 있느냐 만이 조직 내의 생존이나 승진에 중요하게 작용하고 있었다.

박 상무는 이러한 이너 서클(inner circle)을 없애려 노력했으나 돌아온 것은 엄청난 비난이었다. 심지어 박 상무가 회계 부정을 저질렀다더라, 어느 술집 여성과 모텔에서 나오는 걸 봤다더라 하는 등의 투서가 이어졌다. 결국 박 상무는 전략본부장을 찾아가 최선을 다해 모시겠다는 말을 전했다. 다음 날 박 상무를 위한 회식 자리가 마련되었고, 전략본부장을 추종하는 임원과 상무 전원이 모여 "우리가 남이가?"를 외치며 밤새 술을 마셨다. 이 모든 비용은 당연히 회사 몫이었다.

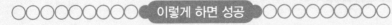

사랑받는 임 상무의 비법

'전경련 인사전략 과정' 교육 프로그램에서 강의를 한 적이 있다. 참석자들에게 "함께 근무하는 팀원들에 대해 얼마나 아십니까?" 하고 물었다. 대개 팀원은 10명 미만이었고 팀장들이 팀원 한 사람 한 사람의 성격은 물론 가족관계까지 소상히 파악하고 있었다. 그 다음 질문으로, "여러분은 그 팀원들의 성장에 얼마나 영향력이 있습니까? 팀원이 자신의 성장에 영향력을 미치는 사람 5명을 뽑는다고 할 때 여러분이 이 5명 안에 뽑힐 가능성이 있겠습니까? 있다고 생각하는 사람은 손을 들어보세요"라고 하니 50여 명 중 2명이 손을 든다. 그런데 정작 팀장들에게 "지금 나는 성장하고 있고 내 성장에 영향을 준 5명 안에 현재의 상사가 포함되는 사람은 손을 들어 보세요?" 하니 놀랍게도 손을 드는 사람이 단 한 명도 없다. 이 역시 '내리사랑'인 것일까.

사실 직장생활의 행태도 많이 바뀌었다. 50대가 직장생활을 막 시작했을 때에는 선후배, 상사, 부하 간 관계가 매우 경직되어 있었다. 반면 윗사람을 존중하며 그들에게 배워야 한다는 생각이 지배적이었다. 상사나 선배의 말 한마디가 그 무엇보다 우선시되었다. 이들 50대가 관리자나 경영자 자리에 올라 현재의 20~30대 젊은 직원을 바라보는 마음은 어떨까? 자신이 선배이고 상사라는 마인드다. 그러나 정작 후배와 부하직원들은 그들을 자신들이 어렸을 때 생각했던 것과 동일한 마인드로 바라보지 않는다. 50대가 생각하는 요즘의 신세대는 자기주장이 지나치게 강하고, 직장에 일하러 온 것인지 놀러 온 것인지 모르겠다는 것이다. 불러서 꾸중이라도 하면 표정이 확 변해서는 입을 닫아버리고, 심하면 투서까지 보낸다고 한다. 그러다 보니 진심 어린 꾸중이나 훈계조차 하고 싶은 생각이 들지 않는다고 한다.

임 상무는 입사 30년 차다. 평소 추진력이 강하고 지시를 내리기 전에 원하는 큰 그림과 기본 틀, 키워드를 생각해 두었다가 간결하면서도 명확하게 업무지시를 내린다. 임 상무가 A부서에서 B부서로 옮기게 되어 송별회가 열렸다. 부서원들이 눈물을 흘리며 안 가면 안 되느냐며 붙잡는다. 임 상무는 어떻게 해서 부서원들로부터 이런 존경을 받게 된 것일까.

임 상무는 항상 '사람이 답이다'라는 생각을 갖고 있었다. 조직장 혼자서 할 수 있는 일은 극히 제한되어 있고, 자신이 실무에 뛰어드는 것은 회사 입장에서 높은 연봉을 주는 일 잘하는 실무자가 한 명

더 늘어나는 것 뿐이므로 결코 좋은 방식이 아니라면서, 임원으로서 자신이 감당해야 할 역할을 구성원들에게 강조한다. 즉 자신은 변화를 선견하여 방향을 잡아주고 실무 현장에서 일이 원활히 추진될 수 있도록 대내외 네트워크를 적극 활용하면서 직원들이 바라는 내용과 방향으로 최고경영자가 최선의 의사결정을 하도록 이끄는 사람이라는 것이다. 또한 최고경영자를 제대로 보완하려면 직원들 한 사람 한 사람의 도전과 열정, 창의와 몰입이 바탕이 된 실행이 가장 중요하다고 수시로 강조한다. 직원들을 대하는 태도에 진심이 어려 있다. 한 사람 한 사람의 꿈과 가정사, 업무적 측면은 물론 일상생활까지 따뜻하게 말을 건네고, 일방적 연설보다는 경청하기를 즐긴다. 임 상무는 자신의 일과 삶에 만족한 직원만이 고객을 만족시키고 성과를 창출할 수 있음을 너무나 잘 알고 있다. 임 상무는 심지어 회사 내 청소와 경비를 담당하는 파견 직원의 이름까지 전부 기억하고 불러준다. 임 상무가 인간관계에서 강조하는 사항은 딱 하나다. "내 마음속에 간직된 사람들도 소중하지만, 그들 마음속에 간직된 내가 더욱 소중하다."

사내강사 임 상무의 사람관계 노하우 18가지

임 상무가 임원이 되기 전 팀장 시절에 본부장으로부터 들은 강력한 조언이 있다. "임 팀장은 일에 있어서는 완벽하다. 길고 멀리 보면서 전사적 관점에서 회사에 꼭 필요한 일을 찾아내 프로젝트화하고 이를 일의 단계에 맞춰 실행해 가는 모습을 보면서 내가 많이 배우고 있으며, 또한 고맙다. 하지만 일을 추진하는 과정에서 임 팀장 본인의 의도와는 무관하게 주변에 적을 만들기도 한다. 자신이 하는 일을 주변에 알리지 않고 혼자 감당하다 보니 주변 동료나 후배들에게서 외면을 받기도 하는 것이다. 업무와 연관된 타 부서 직원들과 일과 시간이 아니면 전혀 어울리지 않고, 농담이나 세상 돌아가는 이야기에는 일절 말을 섞지 않으니 주변에 사람이 없는 거다. 임 팀장 역량이 뛰어나다는 것은 다들 알지만 자기들과는 어울리지 않는 사람이라고 치부해 버린다. 임원이 되려면 일을 잘하는 것도 중요하지만 대인관계를 좋게 맺고 잘 활용하는 것이 관건이다. 이 점을 명심해라." 이런 지적을 들은 임 팀장은 본부장의 조언에 감사하는 한편 기존의 인간관계 방식을 변화시키고자 아주 많은 노력을 기울였다. 그 결과 현재 임 상무는 회사에서 인간관계 관리 분야의 사내강사로 활약하고 있다. 그간 임 상무가 쌓은 사람관계 노하우는 다음 18가지로 집약된다.

1) "지금 힘이 없다고 우습게 보지 말고 더 관심을 갖고 도와줘라"

임 상무는 지방의 한직으로 배치받은 재무팀의 이 팀장을 위해 사택에서 필요한 용품을 마련해 주고 주변 지인을 소개해 주었다.

2) "평소에 잘해라"

임 상무는 아침에 출근하면서 먼저 온 직원 한 명 한 명에게 일일이 인사한다. 나른한 오후에 아이스크림이나 커피 한잔을 돌리는 것도 임 상무의 전매특허다.

3) "막내 밥값은 내줘라"

세상이 변해 'N분의 1 계산'이 대세라지만, 조직장이 직원과 함께 식사를 하고 자기 밥값만 내는 것은 모양새가 좋지 않다. 그렇다고 매번 다 낼 수도 없는 노릇, 임 상무는 부장 시절부터 사적으로 식사를 같이하게 되면 막내 밥값은 자신이 낸다는 원칙을 항상 실천했다.

4) "고맙다고, 미안하다고, 알고 싶다고 큰 소리로 말하라"

나이가 많고 직책이 더 높은 경우에는 고맙다, 미안하다, 모르니 알려 달라 하는 말을 못하는 경우가 많다. 하지만 임 상무는 항상 큰 소리로 고마우면 고맙다고, 미안하면 미안하다고 말한다. 임 상무는 표현하지 않고 마음으로만 고맙다고 생각하는 것은 인사가 아니라고 한다.

5) "도와줄 때는 화끈하게 도와줘라"

누군가가 어려움에 처했을 때 도와주는 건지, 안 도와주는 건지 헷갈릴 정도로 흐지부지하거나 별도의 조건을 달면 도움을 받으면서도 불쾌한 기분이 든다. 그런 도움이라면 서로에게 아무런 의미가 없다. 임 상무는 도움을 줄 때는 화끈하게, 대가를 바라지 않고 돕는다.

6) "언제 어디서나 회사, 동료, 회사 제품, 맡은 업무와 관련해서는 절대로 나쁜 말을 하지 마라"

임 상무는 누구든 자신이 없는 자리에서 나눈 뒷담화를 나중에라도 전해 듣게 되면 화가 날 수밖에 없다며 이와 같은 원칙을 중시한다.

7) "자신의 직무와 관련된 외부 전문가를 많이 사귀어라"

내부 직원들과 좋은 관계를 유지하는 것도 중요하지만 인생 100세 시대에서 우물 안 개구리로 살지 않으려면 다양한 사람을 사귀어야 한다.

8) "불필요한 논쟁을 만들거나 지나친 고집을 부리지 마라"

9명의 직장 친구를 사귀는 것보다 1명의 적을 만들지 않는 것이 직장생활에서는 더 중요한 덕목이다.

9) "공사를 분명히 하라. 회삿돈이라고 함부로 쓰지 마라"

직원들은 조직장이 법인카드를 사용하는 것을 다 보고 있다. 후배나 직원들에게 흠 잡힐 일은 생각도 하지 마라.

10) "가능한 한 옷은 단정하고 좋은 것으로 잘 입고 다녀라"

요즘은 정장이 대세가 아니라지만 조직장은 가능한 정장을 주름 없이 단정하게 갖춰 입고 구두도 늘 깨끗해야 한다. 직장생활에서 외모는 의외로 매우 중요하다.

11) "남의 생각이나 보고서를 비판하지 마라"

뭔가 문제가 있다면 잘한 점을 먼저 칭찬한 뒤 한 수준 높이기 위해 이런 점이 보완되면 어떻겠느냐고 문의하는 식으로 말하라고 임 상무는 조언한다.

12) "조사(弔事)가 있으면 빠짐없이 찾아가고, 조의금도 가급적 많이 내라"

사람이 슬프면 조그만 일에도 예민해지며, 어려울 때 도와준 사람은 더욱더 기억에 남는 법이다.

13) "그동안 주변의 도움을 받고 성장했다면 이제는 당신이 다른 이를 위해 봉사하라"

봉사와 기부는 사실 남을 위해 하는 것이라기보다 자기 자신을 위해 하는 것이다. 봉사와 기부를 하면 마음이 넉넉해지고 얼굴 표정도 좋아진다.

14) "세상에 중요하지 않은 일이란 없다. 궂은일을 하는 경비나 청소부, 음식점 종업원에게 더 잘해줘라"

임 상무는 조직장에게 듣기 좋은 말만 하며 입 속의 혀처럼 구는 사람은 그 조직장이 퇴직을 해야 한다거나 안 좋은 상황에 처하면 도리어 모른 체할 수 있다며, 어렵고 힘든 상황에 처한 사람이나 궂은일을 하는 사람에게 잘 대해주면 언제든 선한 보답을 얻게 된다고 강조한다.

15) "창업도 중요하지만 수성에 힘써라"

오랜 친구들을 챙겨야 한다. 새로운 관계를 만드느라 기존에 갖고 있던 최고의 재산을 소홀히 해서는 안 된다.

16) "하루에 최소 30분이라도 자기성찰의 시간을 가져라"

스스로 생각하고 고민할 줄 아는 능력을 키우지 않으면 결코 리더가
될 수 없다.

17) "지금 이 순간을 즐겨라"

자신이 현재 사소하고 하찮은 일만 하고 있다며 불평하는 사람에게
는 나중에도 중요한 일을 맡길 수 없다. 지금 하는 사소한 일도 처
리하지 못하는데 어떻게 더 중요한 일을 맡기겠는가? 지금 이 순간
이 인생의 가장 중요한 때임을 잊지 말고 꾸준히 노력해야 한다.

18) "소중한 사람을 더 소중히 여기고 더 적극적으로 표현해라"

부모님, 은사님, 존경하는 상사와 선배에 대해 소중함을 느낀다면
그런 마음을 표현해야 한다. 구슬도 꿰어야 보배다. 마음속에만 품
지 말고 편지를 써서 보내거나 자주 찾아 뵙고 식사를 함께 한다거
나 해야 한다. 소중한 것을 잃고 나서 후회하지 않으려면 꼭 기억해
야 할 지침이다.

사람 공부를
먼저 하라!

임 상무는 직원이 새로 입사하면 맨 먼저 '사람 공부'를 시킨다. 회사 임직원의 이름과 얼굴을 모조리 외우게 하고 이를 통과하면 누가 어떤 역량을 가지고 있고 이 직책에 누가 가장 적합한가를 묻는다.

과거 임 상무가 신입사원이던 시절에는 조직 체계가 과부제였기 때문에 지금으로 치면 팀장이 그때는 과장이었다. 어느 날 과장이 불러서 가니 1,400명 임직원의 이름과 얼굴을 한 달 안에 다 외워 테스트를 받으라는 지시를 내린다. 당시만 해도 PC가 보급되지 않았을 때였다. 전 임직원의 얼굴을 익히려면 전 임직원을 직접 확인하는 수밖에 없었다. 아침 7시에 출근해서 정문 옆에 서서 그 문을 통과하는 직원들의 명찰과 얼굴을 번갈아 보면서 익혔다. 업무 시간에도 짬만 나면 각 사무실과 공장을 돌며 자리 배치도를 그려놓고 앉아 있는 순서와 이름 그리고 특징을 적고 외웠다. 한 달 내로 전원을 외우기는 어렵다는 판단에 따라 일단 임원부터 시작해 부장, 차장, 과장, 대리 순으로 외웠으며, 필요한 경우에는 선배에게 그들의 이력에 관해 묻기도 했다. 인사과 선배들은 개개인에 대해 연령, 출신지와 학교, 부서 이동 내역을 정확하게 파악하고 있었다. 마침내 한 달이 흐르고, 지나가는 사람의 이름을 대라는 과장의 질문에 모두 올바른 대답을 함으로써 테스트를 통과했다. 그렇게 과거에 임 상무 역시, 회사를 옮길 때마다 사람 이름을 외우는 일을 가장 먼저 했다. 사람 이름을 불러 줄 때 비로소 일이 시작되는 것을 알게 되었다.

임 상무가 세 번째로 회사를 옮겼을 때의 일이다. 그 회사는 서울에 사무직이 근무하는 본사가 있고 지방에 공장이 있는 대기업이었는데, 임 상무는 인사팀장으로 입사했다. 근무한 지 한 달이 채 되지 않았는데 CEO가 찾는다. 회장실에 노크하고 들어가니 회장이 "우리 회사에 일 잘하는 사람이 누구야?"라고 묻는다. 2,000명이 넘는 사람들 중에 일 잘하는 사람을 이야기하기란 쉽지 않은 일이었다. 임 상무는 답변의 프레임을 이렇게 짰다. 즉 회사 밸류체인에 의거, 직무 전문가를 우선으로 이야기하고, 경영진과 관리자 중 경영능력이 탁월해 3개년 인사고과가 A 이상인 사람을 이야기하는 것이 옳다는 생각을 했다. 직무 순서별로 전문가로서 누가 가장 일을 잘하고, 경영진 중에서는 5명을 언급하며 그들 중에서 향후 CEO 후계자를 선정할 수 있다고 대답했다. 또 관리자 중에서는 중요 포지션을 담당하면서 인사고과와 주변 평판이 좋은 10명을 언급하며 금년도 임원 후보로 손색이 없다는 이야기를 했다. 회장은 "팀원 가운데 재무팀장으로 추천할 사람은 누구인가?"라고 묻는다. 재무팀의 이 차장, 경영기획팀의 김 부장, 공장 재무팀의 조 부장, 감사실의 홍 차장이 후보자라고 답변했다. 그러자 CEO는 한 달이 채 되지 않았는데도 회사 임직원에 대해 명확히 파악하고 있는 점을 칭찬하면서 임원 후보를 보다 엄정하고 체계적으로 선발할 수 있도록 제도를 마련하라는 지시를 내린다.

당신이 지금 근무하는 회사에서 과연 누가 어떤 일에 능통한지, 그 일에 최적의 전문가는 누구인지 잘 파악하고 있는가? 일이란 결코 혼자서는 할 수 없고, 누가 무엇을 잘하는지, 누가 어떤 자료를 가지고 있는지를 미리미리 파악해 놓고 있으면 자신의 직무 속도 및 효율을 30% 이상 높일 수 있다. 오랜 시간에 걸쳐 어렵사리 하나하나 자료를 찾아 도표를 만들고 보고서를 작성했는데, 다른 팀이나 선배가 이미 잘 정리된 해당 자료를 갖고 있음을 뒤늦게 알게 된다면 이 얼마나 허망한가? 마찬가지로, 하루아침에 모든 사람을 일일이 만나 그 사람들 각자에 대해 낱낱이 파악하기란 쉽지 않은 일이다. 임 상무가 이름과 얼굴을 외우며 사람 공부를 하라고 하는 이유에는 책상에 앉아서만 일하지 말고 널리 사람들을 만나고 다니면서 그 만남 속에서 배우라는 의미다. 자기에게 주어진 일을 하되, 자신의 일과 누가 어떻게 연계되어 있으며 누구에게 도움을 받는 것이 가장 빠른지, 누가 어떤 자료를 가지고 있는지를 아는 것이 기본이다.

밥 먹는 것도 전략,
3:2 법칙을 활용하라

직장인에게 식사 시간은 또 하나의 중요한 비즈니스다. 누구와 식사하고 어떤 이야기를 나누며 식사하느냐에 따라 직장생활에 활력이 생길 수도, 그 반대일 수도 있다.

임 상무는 식사 시간과 연관해서 자신만의 원칙을 갖고 있는데, 이른바 '3:2 원칙'이다. 일주일에 세 번은 외부 지인과 식사하고 두 번은 내부 임직원과 식사를 한다는 원칙이다. 또한 실원들과는 한 달에 한 번 식사를 함께하며, 회식을 제외하고는 식사할 때 절대 함께하는 사람이 3명을 넘지 않도록 한다. 임 상무는 매달 중반부터 다음 달 약속을 잡기 시작한다. 먼저 실의 관리자들과의 식사 일정을 정한다. 5명의 관리자들과 점심과 저녁으로 나눠 일정을 조정한다. 다음은 실원과의 식사 일정을 잡는데, 이 일은 '행복위원장'을 매개로 이루어진다. 행복위원장이란 임상무가 명칭한 제도로, 한 달 동안 실과 실원들의 행복을 증진시키는 역할을 수행하는 직원으로 이전 행복위원장의 추천으로 매달 결정된다. 임 상무는 행복위원장에게 미리 자신이 가능한 저녁 날짜들을 알려주고 그 안에서 정해 행복위원장 주관하에 저녁 이벤트를 실시하게 한다. '1월 1만 남'은 행복위원장이 반드시 맡아서 진행해야 하는 주요 행사로, 주된 방법은 회식이지만, 그 이외에 마니또 게임, 보물찾기, 산행, 바다낚시, 영화나 뮤지컬 관람, 미팅하기 등 다양한 이벤트로 진행된다. 실원들과 일정을 확정한 다음에는 사내 중요 부서의 부서장과 주무팀원과의 식사 일정을 잡아 상대에게 요청한다. 이런 절차를 거쳐 내부 지인과의 일정이 모두 확정되면, 그 다음으로 외부 지인 중 S급과 A급 지인과의 점심이나 저녁 약속을 정한다. 한편 김 상무가 결코 빠트리지 않는 식사 자리로 외부 직무 전문가와의 월 1회 만남이 있다. 꼭 자신이 수행 중인 직무가 아니더라도 한 분야의 전문가로서 명성이 있는 사람과의 저녁 만남을 통해 그들이 어떤 생각으로 그 길을 걷게 되었고, 전문가라는 명성을 쌓기까지 어떤 어려움과 극복했는가를 들으며 마음을 새롭게 다지는 것이다. 이렇게 해서 전월 말이면 금월 점심과 저녁 약속이 대부분 확정된다. 물론 때로는 갑작스럽게 약속을 지킬 수 없는 일이 발생하지만, 임 상무는 그 누구와의 그 어떤 약속이라도 최대한 지킨다는 점을 원칙으로 견지한다. 소소한 약속을 지키는 것이 신뢰의 기초라는 생각에서다.

많은 조직장이 팀원이나 매일 함께 일하는 사람들과 점심을 같이 한다. 하지만 식사를 하면서 나누는 이야기는 대부분 일상적인 것들, 뒤돌아서면 별 의미가 없는 것들이다. 말 그대로 '식사를 위한' 시간일 뿐 그 이외에 다른 그 무엇이라고 보기는 어렵다. 더 심각한 것은 팀원들과 식사를 함께하면 자칫 팀원들 입장에서는 식사 시간까지 업무의 연장이 되어버리기 십상이라는 점이다. 예를 들어, "왜 아직까지 보고서가 작성되지 않았느냐?" 하는 이야기가 나온다든지, 출장이나 휴가로 안 보이는 사람에 대한 험담이라도 나오면, 팀원들 입장에서 그런 식사 시간이 휴식 시간이 아니라 고통의 시간이 되고 만다. 그래서 임 상무는 회식 등 부득이한 경우를 제외하면 함께 식사하는 인원을 언제나 1~2명으로 축소하고 그렇게 모인 다음에는 가급적 주제가 있는 대화 시간이 되도록 사전에 이야깃거리를 준비한다. 50분이라는 시간은 사실 결코 짧지 않은, 매우 소중한 시간이며 좋은 추억을 만들기에도 충분한 시간이다.

임 상무가 내부·외부 지인을 만나 식사할 때는 반드시 지키는 '말의 원칙'도 3가지 있다. 첫째, 최대한 짤막하게 말하고 가능한 듣는 쪽을 택한다. 둘째, 자리에 참석하지 않은 사람에 대한 이야기는 꺼내지 않는다. 셋째, 점심 식사 자리는 50분 이내에 끝내야 하기 때문에 외부 지인과 점심을 함께할 때는 조금은 마음이 통하는 가까운 사람으로 한정해 양해를 구하고, 사전에 주제를 명확히 하여 상대방의 이야기를 듣는 데 집중한다. 그러나 좀 더 긴요한 이야기를 더 깊이 나눠야 할 관계라면 상대의 취향에 맞추어 비용이 좀 더 들더라도 좋은 곳에서 여유를 갖고 저녁을 함께한다.

인맥, 이제는
수성(守城)이 더 중요하다

임원들의 평균 연령대는 40대이다. 가장 왕성하게 활동할 시기이며, 사내도 중요하지만 외부 네트워크를 더 구축할 나이이다. 그렇다고 이리저리 각종 연구모임, 세미나, 최고경영자 과정 등을 돌며 인맥을 형성하기에는 시간도 부족하고 체력적으로도 힘들다. 더 중요한 것은 의사결정을 내려야 하는 직책에 있어 지인을 사귀기보다는 지인들로부터 여러 정보를 얻고 도움을 받아야 한다. 어떻게 보면, 더 많은 지인을 사귀는 것도 중요하지만, 20~30대 사귄 지인들과 더 깊은 정을 나누고 그들의 도움을 받을 수 있도록 지키는 수성의 시기이다. 40대에 처음 만나는 지인들은 20~30대 만나는 지인과 비교하여 사뭇 다름을 인식하게 된다. 다가가 명함을 교환하며 서로의 취미나 일상 이야기를 나누기가 어색하다. 시간이 없다는 이유로 정보다는 이해관계를 따지고 손해를 보는 일이라면 하려고 하지 않는다. 일이나 이해관계로 만난 사이다 보니 소중하다는 생각이 덜 들게 되고 일이나 이해관계가 종료되면 쉽게 잊혀진다. 어느 순간, 40대의 지인관리는 새로운 자리에 새 사람들을 만나기보다는 자연스럽게 지금까지 사귄 지인들에게 더 집중하게 된다.

사실 20대와 30대 사회생활 초기에는 회사 내 선배와 상사, 같은 직무를 하는 타사 사람, 교수 등 외부 전문가들과 만난다. 혹은 동네 이웃이나 자녀 친구의 부모들, 같은 종교나 취미를 가진 사람들과 자주 만나게 된다. 어릴 적 친구나 동창은 아니지만 자주 보게 되면서 점차 정이 쌓이는 것이다. 이렇게 만난 사람들로부터 한두 번 도움을 주고받으면서 우리 삶은 보다 풍요로워지기도 하고 더욱 분주해지기도 한다. 다방면에 지인이 있으면 어려운 일이 생겼을 때 도움이나 조언을 받을 사람도 많다. 다양한 사람들을 만나면 한 분야만 바라보던 시각이 넓어지며 다양성을 수용하는 태도를 기를 수 있다. 건강한 사람이라면 사무실이나 집에 갇혀 지내기보다는 다양한 사람을 만나 서로에게 배움을 얻으면서 지내는 것이 좋지 않겠는가. 그런 의미에서 다양한 형태의 모임에도 적극 참여할 필요가 있으며, 긍정적이며 적극적이고 배려할 줄 아는 사람들은 이런 모임에서도 인정을 받는다.

어느 조직에 몸담고 있든 대개 예순쯤 되면 퇴직을 해야 한다. 30년 이상 했던 일에서 손을 떼야 할 때가 오는 것이다. 그러면 이후의 인생은 두 갈래 길로 나뉜다. 하나는 하던 일을 이어 전문성을 살려 자기 사업을 하는 길이다. 다른 하나는 인생 100세 시대에 부응해 새로운 일에 도전하는 것이다. 전자의 경우, 20~50대에 쌓았던 인적 네트워크를 소중히 여기며 이어나간다. 지인을 통해 같은 일을 하는 젊은 사람들을 새로 만나 경험과 지식을 전달하고 도움도 받는다. 그러나 후자의 경우, 생계를 위해 새로 낯선 일에 뛰어든 탓에 기존에 알고 지내던 사람들과는 소원해질 수 있다. 어느 정도 돈을 벌게 되더라도 사업을 놓지 못한다. 그렇지만 관계라는 끈을 끝내 놓지 않는다면 지난 이야기와 살아가는 정을 나눌 수 있는 행복을 누릴 수 있다.

임원은 내외 네트워크를 구축해 잘 활용하는 사람이다. 그러므로 명심할 것은 새로운 관계를 만들기 위해 노력하는 정성도 중요하지만, 그 정성만큼 기존의 지인들과도 자주 연락하고 정을 나누는 일이다. 소중하다면 그 소중함을 표현하고 더 소중하게 만들어야 한다. 새로운 것보다 이미 가진 것을 잘 지키는 것이 현명하다. 관계의 소중함을 깨닫고 지속적으로 이어가는 지혜가 필요하다.

담당자라면, 성과의 60%는
다른 사람이 도와준 덕분

두 명의 과장이 있다. 둘 다 성실하며 일 잘하기로 소문난 사람들이다. 미래 경영자감이라는 칭찬이 자자할 정도다. 하지만 두 사람의 성향이나 업무 처리 방식은 매우 달랐다. C과장은 내성적인 성격인 데다 어떤 면에서든 완벽을 추구하는 스타일이었다. 자신에게 부과된 일은 밤을 새워서라도 마무리를 한다. 기획력이 워낙 탄탄하고 보고서 작성하는 역량도 매우 뛰어나 C과장이 작성한 보고서는 흠잡을 데가 없었다. 하나에서 열까지 모두 C과장이 직접 작성했기 때문에 무엇을 물어도 막힘없이 대답했다. 반면에 D과장은 성격이 털털하고 남을 돕기를 좋아하며, 매우 긍정적이고 쾌활하다. D과장은 여러 사람과 이런저런 이야기를 나누면서 얻은 아이디어를 중심으로 자신의 일을 기획하고 정리하는 스타일이다. 하루도 빠지지 않고 자신의 생각을 다른 사람들과 공유한다. 개중에 어떤 것은 다소 황당하기도 하고 또 어떤 생각은 만약 실행으로 이어진다면 큰 프로젝트가 될 수도 있는 획기적인 아이디어다. 이에 따라 D과장에게 시행해 보라는 지시가 떨어지면 D과장은 처음 하는 일이라면 우선 자료 수집을 위해 전문가를 찾아보거나 외부 지인들에게서 도움을 구한다. 자신뿐 아니라 선배, 나아가 상사의 지인까지 모든 인맥을 동원해 자신의 일과 연관된 자료나 하는 프로세스 등에 대해 조언을 얻는다. 그러고는 여러 조언 가운데 가장 효과적인 방안을 중심으로 체계를 구축해 보고서를 작성한다. 이때 경쟁사가 어떻게 하고 있는가 하는 내용을 반드시 보고서에 포함한다. 그래선지 D과장의 보고서는 내용과 형식이 늘 새롭다. 같은 형식으로 꾸민 보고서가 단 하나도 없다. 당신이라면 어느 과장을 팀장 후보로 육성하고 싶겠는가?

임 상무는 늘 남의 도움을 최대한 받겠다는 생각으로 업무에 임했다. 즉 혼자 다 하겠다는 욕심은 버린 지 오래다. 임 상무는 사원 시절부터 누구에게든 도움을 받으면 그저 고맙다는 말 한마디만 하고 끝내는 경우가 없다. 보고서 등 결과물을 가져가 "선배님의 도움을 받아 이렇게 보고서를 완성했고 덕분에 좋은 평가를 받을 수 있었습니다. 한 부 출력해 왔습니다. 선배님 감사합니다."라고 말하고 음료수와 감사 카드를 전했다. 그렇게 했기 때문에 임 상무 주변에는 그에게 도움을 주고도 기뻐하고 언제든지 또 그를 돕겠다고 생각하는 사람이 많다. 하지만, 임 상무는 누군가에게 도움을 요청할 때는 거절당하는 것이 당연하다는 마음가짐으로 임해야 함을 강조한다. 그 사람 입장에서 생각하면 나를 도와줄 아무런 의무도 없기 때문에 거절이 당연하다. 그럼에도 불구하고 사람들은 다른 이에게 도움을 청할 때 '도와주겠지' 하는 생각을 갖는데, 만약 거절당하게 되면, 불편한 관계가 될 수도 있다. 이런 마음을 갖고 요청하는 것 자체가 잘못이다.

자기 혼자 모든 것을 다 할 수 없다면, 누군가의 도움이 꼭 필요하다면 내 쪽에서 도움을 얻을 방법을 강구해야 한다. 그래서 임 상무는 도움을 주는 사람이 기분 좋게 도와줄 수 있는 방법을 찾아내고자 했다. 일이 한참 진행된 뒤, 끝에 가서 도움을 청한다면 그 도움은 성과로 이어지는 데 한계가 있다. 그 전까지 자신이 수행한 일을 뒤집을 수는 없기 때문에, 만약 상이한 조언을 듣거나 하면 갈등까지 유발한다. 그러므로 도움을 청할 때는 일이 시작되는 초기에 해야 한다. 아예 처음부터 일의 바람직한 모습과 절차를 공유해 자료 수집 단계에서부터 도움을 받는다면 이른바 '삽질'을 줄일 수 있다. 임 상무는 담당자라면 일의 시점이 되는 자료수집단계에 남의 도움을 많이 받아야 한다고 강조한다. 일의 수립이 완벽할 때 분석과 대안 설정이 분명해지며, 완벽한 분석이 이루어진 보고서여야만 수행 과제로 선정될 가능성이 높다.

임 상무는 임원인 자신은 일을 수행하여 성과를 창출하는 데 남의 도움을 90% 이상 받고 있다고 하며, 과장 이하의 단순 실무자이더라도 자신의 직무에서 자신이 실제로 하는 몫은 40%에 불과하고 남이 자신을 도와줘서 완성시키는 것이 60% 이상임을 강조한다. 그리고 다른 사람으로부터 도움을 받고자 할 때, '상사'로부터 일의 방향 설정과 관련해 조언을 얻는 게 가장 중요하다고 말한다.

오피니언 리더를
잡아라

직장인들 누구나 인맥의 중요성을 잘 알고 있고, 그래서 인맥을 쌓고자 정성과 노력을 기울인다. 입사를 하는 그 순간부터 '인맥 쌓기'라는 부단한 노력이 시작되는 것이다. 앞서 언급했듯이 임 상무는 매달 말이 되면 다음 달 만날 사람 리스트가 완성된다. 임 상무는 실원들에게도 시간을 쪼개 꼭 만나야 할 사람을 만나는 데 각자의 급여 10% 정도는 써야 한다고 조언한다.

어느 날 임 상무는 실원들이 만나는 사람들을 정중히 요청해 분석해 보았다. 그 결과 대부분 사내 동료나 동호회 멤버였다. 임 상무는 실원들을 모아놓고, 내부 인맥 형성의 중요성과 어떤 인맥을 쌓아가야 하며, 어떻게 이 인맥을 지속하여 정말 필요할 때 도움이 되도록 할 것인가에 관해 2시간에 걸쳐 구체적 사례를 중심으로 열강을 했다. "김 차장은 팀장 심사에서 탈락했으나 오 차장은 차장임에도 불구하고 그 어려운 팀장 인선에서 만장일치로 발탁 승진이 되었다. 업무 성과가 높아서만은 아니다. 오 차장이 대리 때부터 내부 인맥망을 잘 형성해 둔 덕분이다. 그의 인맥망에는 자신보다 직급이 두 단계 높은 차장급은 거의 포함되어 있었고, 핵심 부장과 잠재력 있는 부장을 중심으로 전체 부장의 30%, 임원 중에는 신임 임원 중 연령대가 낮은 임원, 대리 이하 중에서는 핵심 부서에서 근무하는 이가 포함되어 있었다. 오 차장은 외부 네트워크는 크게 4파트로 나누었다. 회사 업무와 관련된 인맥, 학교 인맥, 직무 인맥, 주변 인맥(학부모 모임 및 성당)이었다. 이들에 대해 오차장은 친밀도를 중심으로 등급을 설정하고, 매일 인생의 지침이 되는 말이나 글, 업무에 도움이 되는 정보 등을 그들의 개인 메일로 보냈다. 또 월별로 만날 사람 리스트를 만들어 식사도 함께하고 찾아가 대화를 나누었으며, 생일 등 중요한 이벤트는 꼭 챙겼다.

임 상무는 실원들에게 물었다. "회사에서 힘들고 어려운 일에 시달리느라 지쳐 밤늦게 전화를 걸었을 때 당신의 말을 들어줄 외부 인사는 과연 몇 명인가? 그들은 누구인가?" 대부분 가족을 제외하고는 아무도 적지 못했다. 사실 외부 네트워크를 구축하기란 그렇게 쉽지 않다. 소위 발품을 팔아야 하는 일이어서 그렇다. 대체로 종교단체, 동호회, 대학원이나 외부 교육, 연구모임 등 자발적 참여 활동을 통해 만난 사람들이다. 임 상무는 네트워크를 쌓아나갈 때도 길고 멀리 내다보는 것이 중요하다고 조언했다. 당장은 직무 중심의 외부 네트워크를 형성하게 되겠지만, 점차 같은 취미와 종교를 가진 사람, 지역을 고려한 네트워크로 범위를 넓히라는 것이있다. 또한 내부와는 달리 외부 지인들은 평소 관리를 하지 않으면 바로 잊히게 되므로 '수성'의 관점에서 잘 관리해야 한다고 다시 한번 강조했다. 임 상무는 외부 인사의 경우 가능한 계모임처럼 단체를 구성해 관리하는 것이 매우 효과적이라고 말한다. 외부 지인들은 힘들어도 한 달에 한 번은 만나는 것이 좋고, 정 어려우면 분기에 한 번은 모임을 가져야 한다고 강조했다. 세상의 그 어떤 모임이든 지속적으로 이어 나가려면 2가지 원칙을 지켜야 한다고도 했다. 하나는 모임이 매우 즐겁고 유익해야 한다. 어떤 주제를 선정하여 어떻게 운영하느냐 하는 이슈의 중요성이다. 다른 하나는 모임을 너무 좋아해 미친 듯이 이끌어가는 사람이 있어야 한다.

임원이 되면 내부 네트워크도 중요하지만, 외부 네트워크를 통해 회사를 알리고 어려운 문제에 봉착했을 때 해결해야만 하는 일들이 많아진다. 외부 네트워크를 구축하고 지속적 관리를 통해 그들의 힘을 빌릴 수 있는 것이 임원이다. 내부만 챙기면 갈수록 우물 안 개구리가 되어 제 역할을 수행할 수가 없다.

모임의 회장이 되지 말고 총무가 되어라

　어느 모임에 참석하든 회장과 총무가 있다. 회장은 앞에 나가 인사말을 하고, 한가운데 자리에 앉으며, 회원들을 대표하는 역할을 한다. 한편 총무는 모임을 기획하고 조정하여 알리고 회비를 거두어야 하며 모임 준비를 위한 참석자 확인, 회의장 및 식당 예약 등등 잔심부름을 도맡아야 한다. 언뜻 봐도 총무보다는 회장이 나은 자리 같아 보인다. 그런데 김 상무는 모임의 회장이 되기보다는 경쟁력 있는 총무가 될 것을 역설한다.

　K본부장은 개인적인 외부 모임이 7개다. 이 가운데 매월 모임을 갖는 것이 4개다. K본부장은 자신의 직책이 본부장임에도 불구하고 7개 모임의 총무 역할을 자처했다. 매월 모임 안내를 하고 참석 여부를 묻고 불참한다고 하면 경조사 아니면 안 된다며 참여를 독려해 회원들 사이에서 "K본부장 무서워서 나왔다"라는 농담 아닌 농

담을 즐겨할 정도다. 한 모임이 끝나면 다음 모임을 준비해야 하는 분주함을 감수하면서도 K본부장은 총무 역할을 기쁘게 생각한다. 누구나 대접받기를 원하지 힘들고 사소한 일은 꺼린다면서, K본부장은 회원들에게 일일이 확인 전화를 하면서 근황도 묻는다. 회원 가운데 어려운 일을 겪는 사람이 있으면 자신의 시간을 쪼개 찾아가보거나 직간접적으로 돕는다. 요컨대 기쁘고 슬픈 일의 중심에 항상 모임의 총무인 K본부장이 있다. K본부장은 모임별로 온라인 밴드를 만들어 관리한다. 오프라인 모임이 시작하면 최대한 자신을 낮추어 회장 중심으로 모임을 진행하며, 자신은 늘 눈에 띄지 않는 구석자리에 앉는다. 회장의 인사말과 회원들의 인사가 끝나 본회의에 들어가 안건을 결정할 때에도 겸손한 자세로 회의를 진행한다. 회의가 이어지는 동안에는 절대로 상대의 말을 끊는 일이 없다. 모임이 끝나면 함께 어울리는 자리를 준비한다. 워크숍 당일 물론이고 행사 전에 먼저 찾아가 정확한 예약 상태를 확인한다.

K본부장은 자주 연락을 취해 귀찮게 하면 참석할 수밖에 없다며 모임의 장이나 회원으로 머물지 말고 총무가 되어 이들이 연결시키는 교량 역할을 수행하면서 네트워크를 확대하라고 조언한다.

일 잘하는 사람들의 대인관계 원칙은 매우 단순하다. K본부장은 그 원칙을 이렇게 요약한다. "누군가를 마음속에 간직하는 것은 매우 중요한 일이다. 하지만 그보다 더 중요한 것이 있다. 그것은 누군가의 마음속에 내가 기억되어 있는 것이다." 이는 누군가의 마음을 훔쳐야만 가능한 일이다. 일 잘하는 사람들은 타인과의 관계에서 자신을 명확히 알고 상대의 이야기를 경청하는 자세가 갖추어져 있다. 누군가에게 신뢰를 심어주려면 우선 기본적 인성을 갖춰야 하고, 그러한 바탕 위에서 '나라면 저렇게까지는 절대 못한다'라고 타인이 느낄 정도로 정성과 열정을 다해야 한다. K본부장은 모임이 끝나고 회원들이 집에 도착할 즈음에 맞춰 그날 있었던 행사 사진을 모아 톡이나 메일 형태로 전송해 준다. 회원들은 다시 한번 K본부장의 배려에 감사하며 기뻐한다. K본부장은 항상 다른 사람에게 도움이 되는 사람이 되고 싶어 하며, 겸허한 자세로 진심을 다해 사람들을 대한다면 그들 역시 자신을 기억해 줄 것이라고 믿는다.

가능하다면 직원의
가족을 만나라

　임 상무는 필요한 경우에는 굳이 집이 아니더라도 부부를 초대해 두 가족이 함께하는 식사 자리를 마련한다. 임 상무가 사원이던 시절, 선배였던 이 과장이 신혼인 자기 가족을 초청해 저녁을 함께해준 기억이 인상 깊게 남아 있어서다. 사회생활을 좀 해봤다 하는 사람들이 흔히 하는 말 중에, "회사에서 만난 관계는 회사에서 마무리된다"라는 것이 있는데 임 상무는 이 말을 믿지 않는다. 이 과장뿐 아니라 가족과 함께 식사를 같이한 많은 회사 선배와 상사들과 관계가 지속적으로 이어지고 있다. 단, 가족을 초청해 식사를 할 때는 팀이나 부서 전체를 초청하지 않는다. 한 가족만을 위한 자리로 충실히 하겠다는 생각과 함께, 혹시라도 가족 간에 비교 갈등이 생기지 않도록 하기 위함이다. 임 상무가 가족을 초청해 식사를 나누는 자리에서 지키는 또 하나의 원칙은 '남편 기 살리기'이다. 초청한 직원의 마음가짐과 행동의 장점을 기억해 두었다가 아내나 남편 앞에서 그 직원을 구체적으로 이야기하면서 감사의 마음을 표하는 것이다.

임 상무가 아주 즐겁게 기억하는 최근의 가족 초청 모임은 집 근처에 살고 있는 전략기획실의 이 대리 가족을 집으로 초대했을 때이다. 이 대리는 세 자녀 아빠인데 그중 둘은 쌍둥이고 집 근처에 살고 있었다. 임 상무의 집에 온 이 대리의 세 아이는 낯선 집인지라 자지러지게 울어댔고, 울음이 진정되자 쌍둥이들은 이 방 저 방 기어 다니며 만지고 넘어뜨렸으며, 강아지가 곁에 오면 또 놀라서 울어댔다. 또 이 대리 아내가 채식주의자라 고기와 생선을 전혀 먹지 못해 음식 준비를 한 아내로부터 핀잔을 들어야 했다. 아내가 신혼 시절 두 아이를 키우는 데 고생했던 이야기와 아이를 위한 여러 선물을 보여 주며 이야기 꽃을 피워갔다. 이 대리와 소주 한잔을 하면서 힘들지 않냐고 하니 아내가 힘들지 자신은 즐겁다고 한다. 임 상무는 자신이 대학원을 다닐 때 두 아이는 2살, 3살이었는데 밤에 울면 잠을 자지 못해 아내에게 낮에 잠을 재우지 말라고 하는 등 힘든 순간의 이야기를 했다. 아내가 세 아이 키우는데 너무 힘들겠다며 집이 옆이니 자신이 도와줄 테니 언제든지 놀러 오라고 한다. 이 대리 부인의 너무나 행복한 표정과 고맙다는 말에 아내와 두 딸이 흐뭇해하는 모습이 보기 좋았다. 임 상무는 또 하나의 가족이 자신에게 온 것에 감사했다.

남자들 사이에 대인관계의 3원칙이 있다고 한다. 가장 낮은 수준은 많이 만나는 것이다. 그것이 일이든 저녁 자리이든 자주 만나면

정이 들게 되어 있다고 한다. 그 다음은 둘 사이에 추억을 만드는 것이다. 많이 만났다 하더라도 5년 이상 소식이 끊기면 잊히고 만다. 하지만 추억이 있다면 그 추억을 이야기하며 바로 하나가 될 수 있다. 마지막이 가족과 함께 만나는 것이다. 가족은 누구에게나 너무나 소중한 존재이다. 내가 하기 싫은 일일지라도 아내 또는 남편이 부탁하면 고민하게 된다. 또한 내가 잘할 수 없는 부분을 채워 줄 수 있는 여지가 많다. 왜 S그룹의 최고경영자들이 핵심인재 부부들과 저녁을 함께 하는가를 이해할 수 있다.

임원이란 만남에서 더 깊은 추억을 만들고, 소중한 사람을 더 소중하게 대하는 사람이다.

후배를
강하게 키워라

꿈이 없는 관리자에게 변화를 요구하는 것은 무리이다.

50세인 김 팀장은 임원 후보자에 한 번도 오르지 못했다. 입사 3년 후배가 임원이 되고 있지만, 김 팀장은 후배가 자신의 상사가 아니라는 점에 위안을 얻고 있었다. 임원이 되기 위해서는 3개년 고과가 평균 A이상은 되어야 하는데, 김 팀장의 고과는 대부분 B이다. 스스로 임원이 될 수 없다는 판단을 한 김 팀장은 주변 사람에게 "길고 가늘게 직장 생활해야 한다."고 말한다. 그제나 어제나 오늘과 내일이 큰 차이가 없다. 마음에 오래 버틴다는 생각밖에 없으니 도전 과제를 찾거나 남들이 시도해 보지 않은 일을 하려고 하지 않는다. 실패를 하여 책임지는 일은 생각조차 하지 않다 보니, 역량이 있는 팀원들의 창의적 과제는 항상 뒷전이다. 팀원들도 지친 듯하다. 업무의 개선을 추구하기보다는 다른 부서에 갈 수 없으니 이곳에서 안주해 버린다. 1주일에 한 번 있는 팀 미팅 시간에 건설적인 이야기는 하나도 없다. 자신의 업무에 대한 실적과 계획에 대해 순차적으로 이야기하고, 팀장이 김 과장에게 1장으로 정리하라는 지시가 팀 미팅의 전부이다. 팀이 살아 있다는 느낌이 없고, 뭔가 배울 점이 없다 보니 3개월도 안된 신입사원이 타 부서 이동을 희망했다가 거절되자 퇴직해 버렸다. 사실 김 팀장이 이렇게 된 것은 김 팀장에게 책임이 있지만, 상사인 이 상무에게도 책임이 있다고 생각한 본부장은 김 팀장보다 나이가 어린 김 상무를 김 팀장의 멘토로 지정했다.

김 상무는 입사 선배인 김 팀장의 멘토가 되어 면담을 가졌다. 표정이 밝지 않은 김 팀장에게 김 상무는 질문 공세를 펼쳤다. "선배님도 한 가정의 가장이 아니냐? 집에 가면 존경받는 아버지이며, 사랑받는 남편인데 꿈도 없이 이런 모습으로 회사 생활을 하는 것이 부끄럽지 않느냐? 50이면 아직 살아갈 날이 50년이 남았는데, 이곳에서 임원이 안 되었다고 이렇게 기가 죽어 있으면 회사가 구조조정을 실시하여 대상자가 되면 어떻게 하겠느냐? 현재 잘할 수 있는 역량이 많은데 왜 강점을 살리지 못하냐? 회사가 마련해 준 1년의 멘토링 기간에 대해 무엇을 생각했느냐?" 등의 질문을 하면서 김 팀장의 모습을 살폈다. 화가 난듯 하면서도 자신을 돌아보는 듯한 김 팀장의 모습에서 희망을 발견한 김 상무는 김 팀장에게 3가지 약속을 제안했다. 분기별 CEO에게 보고할 도전과제를 만들어 추진할 것, 매일 남들과 차별화된 바람직한 습관 3가지를 만들어 악착같이 실천할 것, 팀원들과 1주일에 1번 이상 개별 면담을 실시하고 그 결과를 정리할 것이다. 김 상무는 1주에 1번 김 팀장과 실시한 것을 가지고 개별 미팅을 하기로 하였다. 1주일이 지난 후 김 팀장을 만난 김 상무는 김 팀장을 호되게 질책했다. 분기 도전과제에 대한 그 어떤 준비도 없었으며, 매일 실천할 바람직한 습관 3가지도 선정하지 않았다. 팀원들과는 면담을 했지만, 그 정리한 자료를 보니 면담이 아닌 초점이 없는 대화 수준이었다. 김 상무는 다음 주까지 도전과제에 대한 1장의 추진 보고서를 작성하라고 하고, 자신의 하루 일과를 중심으로 어떤 마음가짐으로 어떤 행동을 하고 있는가에 대해 설명하면서 바람직한 행동 3가지를 정하라고 했다. 팀원과의 개별 면담은 주제를 가지고 한정된 시간에 그 주제에 대해서만 면담을 하되, 경청을 80% 수준으로 가져가라고 했다.

　다음 주 김 팀장이 한 것을 보고 또다시 질책했다. 분기 과제는 형편없이 낮은 수준이라 CEO보고 이슈가 아니었고, 바람직한 습관도 얻고자 하는 바가 불분명했다. 팀원면담도 팀장의 잔소리에 팀원들이 불만이 높아져 있는 상황이었다. 김 상무는 1시간 넘게 도전과제의 수준과 회사에 미치는 효과에 대해 언급했고, 항상 바람직한 결과를 생각하면서 일을 기획하고 추진하라고 요청했다. 마지막으로 팀원들과는 주제를 가지고 면담을 하되 처음 5분은 무조건 팀원이 이야기를 하고 본인은 듣고 결론 중심으로 대화를 이끌도록 룰을 정하라고 했다. 2~3번 더 관찰하고 피드백을 주고 나니 도전과제도 형태를 갖추었고, 팀원들도 팀장이 변했다고 아우성이다. 무엇보다 김 팀장의 표정이 밝아졌다. 출근하면서 굳은 표정으로 자리에 앉던 김 팀장이 팀원들에게 "좋은 아침"하며 외치며 한 명 한 명에게 손을 부딪친다.

임원이 명심할 점이 있다. 결코 회사는 혼자 갈 수 없다. 함께 가야만 한다. 조직 내에 혼자 가려는 사람이 있다면 신속하게 바꿔줘야 한다. 만약 바꾸기가 불가능하다고 조직장이 말하면 그 조직장을 바꿔야 한다. 한 명의 조직장은 조직을 이끌어가는 핵심이기 때문이다.

함께 일하는 동료부터
감동시켜라

언젠가 중견기업 CEO와 저녁을 함께할 때였다. 음식이 나오기를 기다리며 담소를 나누는데 CEO의 한탄이 시작된다. "우리 직원들은 근본부터 잘못되어 있어요. 스스로 알아서 하려는 마음이 전혀 없어 보여요. 시키는 일도 제대로 못하고… 도대체 무엇이 문제인지 모르겠습니다. 조금 가르쳐 일할 만해졌다 싶으면 퇴직하고, 남아 있는 직원들은 하나같이 변변치 못하고……. 이들을 변화시킬 방안은 없을까요?" 이런 말을 들으면 자리를 박차고 일어나고 싶어진다. 자신과 함께 일하는 동료나 직원을 신뢰하지 못하고 남에게 험담이나 하는 그 경영자의 인품이 도리어 의심스럽다. 이런 CEO와 함께 일하는 임직원들은 얼마나 힘들고 마음속에 고민과 갈등이 심할까 안쓰럽다.

이전 직장에서 경험한 일이다. 한 팀원이 자신이 모시는 팀장을 롤모델로 정하고 팀장의 장점 10가지를 자신도 따라서 실천하기로 했다. 가장 먼저 이 팀원이 한 행동은 팀장의 사진을 A4 사이즈로 확대하여 액자 속에 넣어 자신의 책상 안에 보관한 일이다. 아침에 출근하자마자 팀원은 팀장의 사진을 보며 파이팅을 외치며 일과를 시작했다. 성격이 급하고 매우 적극적이며 좌중을 리드해 나가는 성격의 소유자였던 이 팀원은 팀장을 롤모델로 설정한 뒤로는 '경청의 원칙'을 몸에 익히기로 했다. 말을 하고 싶을 때마다 30초만 참자는 다짐을 하고는 다른 사람들의 이야기를 들어주었다. 미팅 때면 늘 먼저 의견을 내거나 다른 이의 의견에 대해 "말도 안 된다" 하며 외치던 동료가 경청하는 모습을 보며 다른 팀원들은 사람이 변했다며 놀려댔다. 그럼에도 이 팀원은 꿋꿋이 업무를 논리적인 관점에서 바라보기, 자료 수집에 더 많은 시간을 쏟기, 타 부서 사람들과 교류하기, 자료 공유하기 등등 팀장의 바람직한 모습을 그대로 실천해 나갔다. 마음가짐이 이렇게 바뀐 후로는 팀장이 무슨 일을 시켜도 다 해낸다. 마음속에 불평과 불만이 자랄 새가 없다.

팀장이 되어 팀원들의 마음을 얻지 못하고 모범을 보이지 못하면 팀원들은 등을 돌리게 된다. 일 잘하는 사원의 능력과 성과를 보고 관리자를 시켰는데, 자신이 그간 성공했던 방식만을 고집하며 팀원들에게 강요한 탓에 팀원들로부터 신임을 얻지 못하는 경우가 종종 있다. 환경이 바뀌었고 일하는 사람 또한 다른데, 아무리 성공했던 방식일지라도 그것이 항상 옳을 수는 없다. 일이 잘되면 다행이지만 일이 잘못되면 직원들은 팀장이 강요한 것이고 하라는 대로 했을 뿐이라며 원인을 팀장 탓으로 돌릴 것이다. 결국 팀원들은 팀장을 신뢰하지 않게 되고 따라서 팀장의 뜻대로 움직이려 하지 않는다. 이런 팀원의 마음을 얻지 못한 난처한 상황에 처한 팀장들은 일단 일은 해야 하고 팀원들이 따르지 않으니 자존심이 상하지만 자신이 그 일을 할 수밖에 없다고 생각한다. 팀원들을 설득하며 이끌어 내느니 자신이 하는 것이 속 편하고 신속하다고 위안을 한다. 문제는 이것이 끝이 아니다. 팀원들 사이에서는 팀장이 혼자 많은 업무를 하는 것에 대해 감사하기보다는 '팀장이 다 알아서 하는데 굳이 우리가 고민할 필요가 뭐 있어' 하는 식으로 대충대충 하자는 무사안일주의가 싹트게 된다.

임원은 자신과 함께 일하는 가까운 동료들의 마음을 얻어야 한다. 진정성을 갖고 신뢰를 구축하고 그들의 가치를 끌어올리는 역할을 수행해야 한다. 그들이 자신의 역할을 다하도록 지지하고 지원해 줘야 한다. 그들이 하는 일에 관심을 갖고, 일에 임하는 마음가짐과 방식에 대해 차이가 있다면 그 차이를 분명하게 이야기하는 것을 시작으로 점차 개선방안을 마련해 그 차이를 좁혀 나가야 한다. 더 효율적인 방법은 없을까? 이 방법으로 하면 이런 바람직한 모습이 도출될까? 경쟁자나 고객들은 무엇을 생각할까? 이렇게 만들어진 결과물에 대해 CEO는 만족할까? 등의 질문을 던져 직원 스스로 고민하게 만들어야 한다. 함께 일하는 동료들이 주도적이고 자발적으로 일을 추진하여 성과가 창출되어야 팀장으로서, 리더로서, 임원으로서 빛이 나는 것이다.

임원은 일의 방향을 제시하고 큰 틀에서 일을 바라보는 사람이며, 그러기 위해서는 자신이 그동안 해오던 방식이 아니라 함께 일하는 사람의 방식을 존중해야 함을 잊어서는 안 된다.

5장

조직과 인재육성

어떻게 자율적인 조직으로
이끌 것인가?

'내가 소리치면 더 성과를 내겠지?'

1960년대 한국은 가난한 나라였다. 당시의 직장인들에게 중요한 이슈는 역량강화와 경쟁력이 아니었다. 그들에게는 생계를 이어가는 것이 중요했다. 다들 먹고살기 급급하던 시기였다. 기업 역시 무에서 유를 창출해야 했던 때다. 일이 있으면 밤을 새며 끝냈다. 속전속결이 무엇보다 중요했고, 그러다 보니 품질 수준은 낮았다. 그저 성실·근면의 기치를 내걸고 열심히 일만 하면 되었다. 당시 조직에서 '과장'이나 '선배'는 하늘 같은 존재였다. 과장의 말에는 무조건 복종해야 했고, 체계적으로 배운다는 것은 생각도 할 수 없었다. 어깨 너머로 선배들이 하는 것을 훔쳐보며 배웠다. 무서운 선배에게 기 한번 펴지 못하면서 혹독하게 배웠다.

이런 식으로 조직문화를 배운 사람들이 현재의 임원이나 경영자들이다. 보고 배운 것이라고는 고함치고 혼내며 공포 분위기를 조성하며 일을 시키는 것이다. 상대가 어떤 태도나 감정으로 업무에 임하느냐는 중요하지 않다. 고함치고 혼내면 결국 해낼 것이라고 알고 있다. 이러다 보니 회의석상에서 조금이라도 마음에 들지 않으면 전후 사정은 듣지 않고 질책부터 한다. 1~2분 짤막하게 하는 것도 아니다. 10분 이상 길게 질책을 한다. 회의는 한 시간을 했는데 의사결정에 소요된 시간은 10분이 안 된다. 회의가 아니라 무슨 혼나러 모인 사람들 같다. 거의 모든 회의가 이렇다 보니, 회의실로 들어오는 사람들 모두가 이미 경직되어 있다. 오늘은 누가 희생양이 될 것인가 하는 우려 섞인 표정이 역력하다. 자신들이 이 과제를 왜 해야 하며, 이 과제가 회사에 얼마나 중요하고, 어떤 효과가 예상된다는 보고는 없다. 또한 질책이 두려운 탓에 현재 하고 있는 일 중에 성과가 나쁘다거나 잘못되고 있다는 보고는 한 건도 없다.

게다가 회의는 점점 많아진다. 모 회사는 그동안 1주일에 1회 실시하던 주간 임원 회의를 소통과 업무 협의 및 실행력 강화라는 이유로 매일 아침 7시 반에 1시간씩 실시하였다. 전략본부부터 금일 중요 이슈와 특이사항 중심으로 보고를 한다. 각 본부의 보고가 이어지다가 뭔가 아니라는 생각이 들면 CEO가 구체적 성과에 대해 묻는다. 대답을 못하면 본부장이 그런 중요한 이슈에 대해 이렇게 아무것도 모른 채 손을 놓고 있으니 일이 잘되겠느냐며 호된 질책이 시작된다. 모두가 고개를 숙인 채 그저 얼른 회의가 끝나기만을 기다린다. 10여 분 질책이 이어진 후 CEO가 "다음"이라고 외치면 보고가 이어진다. 그중 또 마음에 들지 않는 사안이 나오면 다시 고함

소리가 들린다.

여전히 많은 임원이나 경영자가 '내가 호통을 치면 직원들이 긴장감을 느끼고 일에 집중하여 성과를 올리겠지'라고 생각하고 처신하는데 그렇지 않다. 물론 CEO의 질책이나 호통이 일정 수준까지는 통할 수 있다. 그러나 결국 직원들의 반발을 불러오게 되고, 심지어 어떤 직원들은 심한 스트레스로 건강을 잃거나 퇴사를 선택하게 된다. '리더'란 회사를 좋은 방향으로 이끌어나가야 할 사람인데, 오히려 그로 인해 조직문화가 경직되고 소통의 통로가 막힌다면 결국 성과 창출에 본인이 가장 큰 걸림돌이 되는 셈이다.

"이 과장, 이 과장이 이끌면 돼"

S대 경영학과를 졸업하고 동 대학원에서 경영전략을 주제로 석사 학위를 딴 이 과장은 남 앞에 서기를 꺼려하는 내성적인 성격이다. 혼자 연구하고 고민하며 자신이 맡은 일만 처리한다. 메가 프로젝트가 있어 팀을 구성할 때면 늘 거론되지만 T/F 활동을 그와 함께 해본 경험이 있는 사람들은 다시 일하기를 주저한다. 토론이나 미팅을 할 때 이 과장은 단 한마디도 하지 않으며, 다른 사람이 하는 일에는 도통 무관심하고, 그저 자신이 한 일만 주간 실적에 입력한다. 정시에 출근해 정시에 퇴근하고, 늘 혼자 퇴근하며, 점심시간에도 혼자 식사하니 이 과장이 어디에서 사는지, 어떤 취미활동을 즐기는지 등등 이 과장에 대해 아는 사람이 없다.

어느 날 이 과장이 보고할 것이 있다며 소속 팀의 팀장을 찾았다. 한 달 넘게 이 과장이 회사의 A사업에 대한 중장기 방향과 개선 과제를 정리한 내용이었다. A사업은 회사가 최근 전력을 쏟는 사업으로 그 성패에 회사의 성패가 달렸다고 해도 과언이 아니었다. 보고서 목차를 보니 현황에 대한 명확한 인식과 중장기 비전과 전략이 뚜렷했다. 또한 추진과제가 단계별로 설정되어 있고, 빨리 처리하지 않으면 2~3년 후 큰 손실을 가져올 수 있을 정도로 긴급하고 중요한 과제가 퀵 인(Quick in) 과제로 잘 선정되어 있었다. 무엇보다 선정된 과제에 대한 현상과 해결 방안은 전문가가 아니면 작성할 수 없을 만큼의 수준 높은 전문성을 보여주고 있었다. 이 보고서는 그 누구도 지시한 적이 없는데도 이 과장 스스로 자율적으로 실행한 과제였다.

소속 팀장은 이 과장이 쏟은 그간의 노고를 치하한 뒤 이 과장과 함께 전략 본부장에게 가서 개략적인 보고를 마치고는 팀 차원에서 추진하겠다고 밝혔다. 본부장 역시 이 과장을 칭찬하며 CEO에게 보고 후 즉시 실행하라고 했다. CEO도 "일 처리는 이렇게 하는 것"이라고 칭찬하면서, 이 일을 팀 차원에서 하는 것이 옳은지, 누가 프로젝트 리더가 되면 좋을지를 묻는다. 본부장은 팀 차원에서 추진하되, 프로젝트 리더는 이 과장으로 하고, 본부 내 3명의 팀원을 지원해 정한 기간 안에 좋은 성과를 창출하겠다고 했다. 그런데 CEO 보고를 마치고 나오는 이 과장의 표정이 어둡다. 왜 그러냐고 물으니 팀원들이 과연 자신과 함께 이 프로젝트를 진행하기를 원할지, 또 자신이 팀원들을 이끌고 프로젝트를 추진해 나갈 수 있을지 자신이 없다고 한다.

본부장은 이 과장을 회의실로 데려가 몇 가지 조언을 했다. 먼저,

일은 지시에 의해 하는 것이 아니고 자신이 할 일은 스스로 만들어 가는 것이라면서, 이번 보고서를 작성했듯이 회사가 정말 필요로 하는 과제를 미리 파악하여 개선안을 내어 추진하면 성과를 떠나 일하는 맛이 나지 않느냐고 반문했다. 그런데 일이란 게 궁극적으로는 혼자 하는 것이 아니라 함께하는 것이며, 따라서 리더가 될 사람은 팀원들 각각의 강점을 파악하고 동기부여해서 더 큰 성과를 만들어가야 한다, 이 과장은 내성적인 성격이지만 꼼꼼해서 팀원들의 성향을 자세히 파악해 프로젝트의 일정에 따라 이들을 충분히 몰입시키고 이끌 수 있으리라 믿는다고 강조했다. 프로젝트를 이행하는 과정에서 중간 어려운 일이 생기면 언제든지 지원해 주겠다는 약속을 덧붙이면서, "이것은 회사의 프로젝트이고 이 과장이 리더이다. CEO도 기대하고 있는 과제인 만큼 이 과장이 책임지고 잘 이끌어 주면 좋겠다"라고 당부했다.

자신을 믿고 지원을 마다 않는 상사가 있으면 직원 또한 최선을 다할 수밖에 없다. 임원은 결코 '시키는 사람'이 아니다. 방향을 잡고 전략을 세워 큰 틀과 중점 포인트만 제시해줌으로써 구성원들이 자신의 역량을 최대한 발휘해 도전과제나 개선과제를 주도적으로 기획하고 이끌도록 지원해 주는 사람이다. 임원이 머리가 바빠야지 손과 발이 바빠서는 안 된다.

창의성을 방해하는
'제도'는 버려라

베트남이 프랑스 식민지이던 시절의 이야기다. 베트남에 쥐가 너무 많아 골치가 아팠던 식민지 사령부에서 쥐를 잡아 오면 그 대가로 돈을 주는 제도를 만들어 전국에 대대적으로 홍보했다. 그런데 사령부의 예상과 달리 이런 제도를 시행해도 나날이 쥐는 더 많아지는 것이었다. 알고 보니, 새로운 제도 시행 이후 사람들이 돈을 벌기 위해 쥐를 사육했던 것이다. 깜짝 놀란 사령부는 서둘러 제도를 폐지했고 농장과 가정에서 키우던 쥐를 전부 내다 버리는 바람에 제도 시행 이전보다 쥐로 인해 더 많은 피해를 입게 되었다.

'제도'를 만들거나 없앤다는 것이 이렇게나 무시무시한 일임을 보여주는 예라 할 수 있겠다. 과거 1970년대까지 우리 기업들은 '사람에 의한 경영'으로 조직을 성장시켰다. 오로지 사람의 '의지'와 '노력'으로 무에서 유를 창조하는 시대였으며, 강력한 지도력이 성공을 이끌어내는 경우도 많았다. 그러던 것이 점차 대기업을 중심으로 제도와 시스템을 중시하는 경영이 도입되었다. 회사 내부 규정을 만들었고 일의 프로세스를 명확히 했으며, 손으로 하던 업무는 점차 IT와 접목된 시스템에 의해 처리되었다. 아울러 조직과 구성원을 대상으로 한 체계적 교육 및 직급/직무 체계 구축에 따라 '사람에 의한 경영'에서 '시스템에 의한 경영'으로 전환되었다. 그러나 제도와 시스템에 의한 경영은 개인의 창의와 자율성을 끌어올리는 데는 적합하지 않은 체계였다. 모든 것이 시스템에 의해 계산되므로 이른바 '무모한 도전'은 시도할 수 없고, 제안 제도라는 제한적인 방식으로는 개인의 자율성을 동기부여하기가 쉽지 않았다. 결국 조직과 기업은 효율과 효과 중심으로만 구성원을 몰고 갔으며, 제도와 시스템에서 벗어나는 창조적인 활동은 용인하지 못했다. 조직장에게도 경비와 책임의 범위를 한정시켜, 자기에게 부과된 업무에 집중하게 했으며 이마저도 독창적인 방식으로 추진하기는 매우 어려웠다.

G그룹의 김 상무는 평소 구성원의 자율과 일에 대한 전문성과 자부심이 조직문화의 밑바탕이 되어야 한다는 소신이 있었다. 그래서 김 상무가 임원이 되자마자 추진한 프로젝트가 '그룹의 미래 먹거리 창출 프로젝트'다. 대리와 과장 3년 차 미만 직원들 가운데 역량과 열정을 갖춘 20명을 선발하여 6개월 동안 1인 1분임장이라는 역할을 주고 그룹의 미래 먹거리를 창출할 사업 아이템을 선정하여 그룹 CEO와 사장 앞에 발표하도록 한 것이다. 이들은 출퇴근 시간이 따로 없었으며 복장도 자유로웠다. 요청하면 해외 출장도 가능했고

세계적인 석학을 초청하는 강의도 추진되었다. 최종 발표를 제외하면 모든 것이 자율이었다. 프로젝트 추진 후 첫 한두 달은 뭘 어떻게 해야 하는지 몰라 직원들이 갈팡질팡하는 모습을 보였으나 점차 프로젝트에 깊이 몰입하는 모습을 보여주었다. 과제를 선정하고 제안서를 작성하여 CEO 앞에서 자신의 아이디어를 자신 있게 설명해냈다. 일반적인 회사에서 대리 직급이 그룹 CEO를 대면할 기회는 사실상 거의 없음을 감안할 때 이 프로젝트는 그들에게 매우 좋은 기회였다. 이들은 CEO의 기대 수준을 뛰어넘는 수준의 발표를 해냈고, 그 자리에서 심사가 이루어졌다. CEO와 그룹 사장들의 예리한 질문이 이어졌고 사업타당성이 있다고 판단되는 과제는 그룹과제로 선정되어 발표자가 프로젝트 매니저(PM)를 맡아 그룹 내외에서 필요한 인력을 뽑아 프로젝트를 수행하기로 하였다. 본인이 아이디어를 냈지만 혹 PM이 되는 것을 거절하는 경우에는 당사자에게는 포상금만 지급하고 이 과제는 그룹 차원에서 실시하게 되었다.

김상무가 이 제도를 처음 실시했을 때는 그룹 차원에서 반대 의견이 많았다. 지원자도 별로 없어 강제 추천을 받기도 했다. 2년이 지난 후 그룹의 뛰어난 인재들이 자기만의 독창적 아이디어를 가지고 이 과정에 참석하기 시작했다. 참가 인원이 20명으로 한정되었기에 대상자 선발 과정이 매우 치열해졌다. 해를 거듭할수록 아이디어와 개선과제의 수준이 높아졌을 뿐 아니라 현실성을 반영한 사업의 성공 가능성도 높아졌다. 통과된 제안이 실행으로 이어져 업무를 추진하는 사업부가 생겼고 프로젝트 리더가 발탁되는 성공 사례가 늘

어났다. 더욱 고무적인 것은 이러한 성공 사례가 널리 홍보되고 그 효과를 인정하는 구성원들이 많아지면서 그동안 유명무실했던 사내 제안 제도가 활성화되는 부수적 효과를 낳았다는 점이다.

오늘날의 기업은 이제 단순히 국내 경쟁에서 이기는 것으로는 지속가능하지 않다. 글로벌 경쟁하에서 외국 기업과 견주어 이겨야만 한다. 그런데 이러한 경쟁우위는 한순간에 획득할 수 있는 것이 아니다. 평소 조직과 구성원이 기존의 관습적 틀에서 벗어나 늘 배우고 늘 혁신하는 마인드가 충만해 있어야 하며, 회사는 이를 적극적으로 지원해 줄 수 있어야 한다. 밤늦은 시각까지 텅 빈 사무실에서 혼자 연구하는 연구원의 야근을 '징계하는' 회사에서는 창의적 발상과 프로젝트를 기대하기 어렵다. 임원은 직원들을 '제도'로 다스리려 하는 마음을 버리고 그들이 지닌 역량과 강점을 최대한 살려 지금까지 해보지 못한 일을 스스로 고민하게 만들고, 또 적극 도전해 성취하게 만들어야 한다.

김 상무가 만든
'가이드라인'

가정에는 '서로 사랑하자', '가화만사성' 등의 가훈이 있다. 김 상무는 가훈에 담긴 뜻을 더 강화하고 가족 간에 꼭 지켜야 할 기본으로 반드시 실천하기 위해서는, 가이드라인을 정해 행동으로 지속하게 하는 것이 매우 중요하다고 생각했다. 김 상무가 정한 '행복한 가정 만들기 5가지 원칙'이다.

❶ 자신의 일은 자신이 한다.
❷ 모든 방의 문은 가능한 열어 놓는다.
❸ 집을 나갈 때는 집에 있는 사람에게 행선지와 귀가 시간을 말하고 허깅을 하고 나간다.
❹ 집에서의 식사는 항상 함께 시작해 함께 끝낸다.
❺ 가족이 출장이나 여행으로 떨어져 있게 되면 반드시 서로 전화로 안부

를 전하고 묻는다.

김 상무는 가정의 원칙이 있듯이 조직을 잘 이끌어가려면 그 나름의 가이드라인이 있어야 한다고 생각했다. 김 상무는 팀장 그룹, 과장 그룹, 사원그룹으로 나누어 각자가 생각하는 가이드라인 5개씩을 정하라고 했다. 각 그룹별로 역할이 다르다 보니 가이드라인도 다양한 내용으로 제출되었다. 김상무는 다양한 가이드라인 가운데 선별해, 조직 활성화와 일하는 방식의 전환을 목표로 8가지 가이드라인을 최종 선정했다.

❶ 회의를 열 때는 하루 전에 어젠다를 공지하고, 회의에서 토론 결과와 실행 주체를 반드시 도출한다.

❷ 지시가 끝나면 반드시 복명복창을 한다.

❸ 7일 이상 소요되는 모든 일은 스케치 페이퍼(Sketch Paper)를 통해 사전보고를 한다.

❹ 매주 월요일 9시 반부터 팀별 주간 업적/ 역량 실적과 계획을 팀원 모두가 각자 발표한다.

❺ 아침 인사는 나중에 온 사람이 먼저 온 사람에게 손을 부딪치는 방식 (하이파이브)으로 한다.

❻ 회사 소통방에 1주 1건의 자신의 이름으로 글(자료, 정보)을 올린다.

❼ 1주 1건 아이디어를 제안한다.

❽ 매월 1회, 세미나는 필히 참석한다.

김 상무는 가이드라인을 정하고 조직의 가장 선임인 장 팀장에게 매주 실시 현황을 점검하고, 개선사항이 있으면 전원이 모인 상태에서 토론하여 결정하되, 조직의 약속이므로 이 가이드라인만큼은 암기하고 지켜달라고 요청했다. 그런데 한 주가 지났는데도 장 팀장의 보고가 없다. 김 상무는 장 팀장을 불러 재차 확인했다. 장 팀장이 깜박 잊고 보고를 하지 못했다는 말에 크게 호통을 쳤다. 즉시 지난 한 주 동안의 '가이드라인 실행' 현황을 파악해 보라고 했다.

그로부터 다시 2주가 지난 후 김 상무는 조직원 전원을 회의실에 모이도록 했다. A4 용지를 나눠 주고 8가지 가이드라인을 적도록 했다. 김 상무를 제외하고는 아무도 8가지를 모두 적어내지 못했다. 김 상무는 8가지 가이드라인을 그 자리에서 외우게 했다. 또한 김 상무는 월 세미나가 끝나면 진행자의 안내에 따라 8가지 가이드라인을 항상 외치도록 했다.

그렇게 두 달이 지난 후 조금씩 변화가 찾아왔다. 가장 늦게 출근한 직원은 열심히 하이파이브를 외치고 다닌다. 김 상무도 예외는 아니어서, 매월 1일은 조찬 모임에 참석하느라 늦게 출근하는 바람에 팀원 전원에게 손을 부딪치며 아침인사를 한다.

한편 일의 추진에 앞서 '스케치 페이퍼' 보고를 일상화하다 보니, 방향이 명확해지고 이를 공유함으로써 누가 무엇을 하는지 알 수 있었다. 무엇보다도 회사 게시판에 직장생활에 도움이 되는 자료, 자신이 끝낸 과제에 대한 매뉴얼 등을 정리해 올리다 보니 구성원들의 감사 댓글이 이어졌고 조직에 대한 이미지가 매우 우호적이 되었다.

조직의 룰을 정해 조직과 구성원들 사이에서 바람직한 변화를 도출해 내고자 하는 사람만이 임원이 될 수 있다. 그런데 이때 룰을 정하는 것보다 더 중요한 것은 정해진 룰이 잘 실천되고 있는지를 지속적으로 관리하여 바람직한 변화를 이끌어내는 일이다. 물론 구성원에게 모든 것을 믿고 맡겨도 좋지만, 구성원의 생각과 역량 수준이 크게 다를 경우에는 기본이 되는 것만큼은 모두에게 습관으로 몸에 붙도록 기반을 마련하는 일이 매우 중요하다.

자율성의
기반은 신뢰

"저는 이곳에 와서 퍼주기만 하는 것 같아요. 제가 성장하고 있다는 걸 못 느끼겠어요. 학교에서 배운 것을 그저 활용만 해요. 제가 더 배우는 건 없어요."

"선배 과장들 모습을 보면 저의 5년 후 모습이 보입니다. 책 읽는 선배들이 없어요. 삼삼오오 모여 이야기하는데 들어보면 전날의 술자리 얘기, 상사 뒷담화뿐입니다. 나도 저렇게 될 거라 생각하면 끔찍해요."

"팀장과 단 한 번도 미래에 무엇을 해야 하는가에 대해 이야기해 본 적이 없습니다. 평가 면담은 있었지만 결과에 대한 통보였고, 이 회사에서 어떤 직무를 해야 하고 어떻게 성장해야 하며, 내 역량 수준이나 성격의 장단점에 관해 이야기해 주는 걸 들어본 적이 없습니다. 제 대학 동기 중 하나는 매달 상사로부터 일과 역량에 대해 피드백을 받아야 한다며 피곤하다더군요. 그래서 제가 그랬어요. 넌 행복한 사람이라고. 정말 부러웠습니다.”

입사 3년 차 사원들과의 인터뷰에서 나온 이야기다. 어떤 이는 회사의 핵심가치 중에 신뢰가 있는데 정작 자신은 회사 다니면서 신뢰받는 느낌을 받아본 적이 없다고 한다. 언행일치를 강조하는 건 상사이지만 지키는 사람은 신입사원뿐이다. 3년 동안 단 한 번도 상사와 개별 면담을 해본 적이 없고, 일 잘하는 선배 한 명은 상사와의 의견 충돌 후 현장 영업지점으로 발령이 났다며 이 회사의 룰은 ‘상사에게는 절대 목소리 높여서는 안 된다’가 아닌가 싶다고 한다. 새로운 시각으로 사안을 바라보면서 적극적으로 아이디어를 내라는 말은 입문교육 때나 적용될 뿐, 현장에서는 “네가 알면 얼마나 안다고?” 하는 핀잔이 돌아온단다. 그러면서 막일, 잡일, 잔일은 전부 막내 사원 몫이다. 직급이 깡패고 상사만 되면 화내고 지시하려 든다는 것이다. 나쁜 일은 숨기기 급급하고 웬 뒷담화와 투서는 또 그렇게 많은지 대체 일은 언제 하는지 의문스럽다고 한다. 자신들도 회사의 구성원으로서 조직에 기여하고 싶고 직무 전문가로 성장하고 싶은 마음이 왜 없겠느냐고 한다. 하지만 더 나은 미래를 생각했다면 더 일찌감치 다른 회사를 찾았어야 했는데 이제 와서는 다시 취업하기도 어렵고 해서 참고 다닐 수밖에 없다며 괴로워한다. 똑똑한 인재를 뽑아 바보로 만들고 있는 것이 아닌지 안타까운 이야기들뿐이었다.

어느 날, 김 상무는 인사 담당자로부터 한 통의 메일을 받았다.

"상무님, 회사의 인사제도를 혁신적으로 바꾸라는 지시가 있었습니다. 주어진 기간이 너무 짧고, 컨설팅 회사는 우리 회사에 대해 너무 모르기 때문에 맡기기가 어렵고, 저희 인사팀에서 직접 진행해 보고자 합니다. 상무님께서 좀 도와주실 수 있겠습니까?" 인사제도 혁신을 통해 일하는 회사, 성과를 내는 회사, 즐겁게 일하는 회사를 만들어 보고 싶다는 내용이었다.

김 상무와 인사팀 담당자는 임원 2명과 팀장 5명 그리고 현업을 수행하는 직급별 담당자 10명을 개별 면담 형식으로 이틀 동안 만났다. 회사의 비전과 현 수준, 회사 전반의 문제점과 근본 원인, 중점사항 등에 대해 질문했다. 사실 '인사관리'는 사업과 연계되어야 하는 것이다. 즉 조직/사람/제도/문화의 경쟁력을 함께 강화해야만 회사의 지속성장에 토대가 될 수 있다. 그러려면 인사제도의 이슈를 찾기보다는 인사 문제 전반에 관한 정확한 분석이 선결되어야 했다. 김 상무는 인사 담당자에게 인사 문제에 관한 5가지 분석사항을 전달했다. 제도개선은 어려운 일이 아니지만, 조직과 구성원이 즐겁게 열정을 가지고 직무에 몰입하고 성과를 창출하도록 하려면 그 이상의 인사혁신이 필요하다. 직원들의 경험, 창의, 도전과 열정, 자발적이고 주도적인 실행을 이끌어내기 위한 구조와 틀의 변화가 요구되는 것이다. 일하는 문화가 바뀌려면 일에 대한 개념과 일하는 방식이 먼저 바뀌어야 하는데 이는 사람이 바뀌지 않으면 절대 바꿀 수 없다. 김 상무가 인사팀 담당사에게 전달한 5가지 방안은 다음과 같다.

❶ 임원과 팀장부터 쇄신해라. 성과와 역량과 성장 가능성을 축으로 삼아 이 3가지가 부족한 사람은 과감히 교체해야 한다. 이를 위해 반드시 조직이라는 관점에서 인력을 돌아봐야 하며, 조직설계와 R&R(Role & Responsibility) 정립이 그 기반이 되어야 한다.

❷ 인력 유형별 관리를 실시할 필요가 있다. 즉 우수인재와 저성과인재를 구분해 내보낼 사람은 내보내고 관리자나 경영자가 될 사람, 핵심 직무에 근무하는 인재는 제대로 선발해 지속적으로 육성하는 틀을 구축해야 한다.

❸ 인사제도는 평가를 통한 개선이 관건으로, 목표와 과정 관리를 철저히 해야 하며, 평가 결과가 보상과 승진, 육성과 이동, 채용과 퇴직으로 활용되지 않으면 의미가 없다.

❹ 조직과 구성원의 육성을 동시에 추진하되, 경쟁력 있는 육성이 되려면 조직과 구성원 모두 선발형/문제해결형으로 전환해야 한다. 직무순환제도는 관리자나 경영자로 성장할 인재로 국한하고 이들의 직무 전문성을 강화해 가는 방향이 옳다.

❺ 구성원이 자율적으로 일을 기획하고 추진하는 데 바탕이 되는 것은 무엇보다도 신뢰 문화의 정착이다. 상사에 대한 신뢰, 조직과 업무에 대한 신뢰, 구성원과 이해집단에 대한 신뢰. 조직의 목표 달성, 개인의 역량 강화, 팀워크 향상의 근원 또한 신뢰다. 신뢰문화를 정착시키기 위해 진단, 이슈도출, 개선활동, 추진조직과 지원체계 등을 정립하여 지속적으로 추진해야 한다. CEO가 바뀌더라도 제도와 문화에 의한 혁신이 지속되려면 신뢰문화 형성을 최우선순위에 놓아야 한다고 강조했다.

이런 직원들이
조직장을 춤추게 한다

조직장이 생각하는 가장 바람직한 직원 유형은 자신의 아이디어를 가지고 와서 협의하고 이를 조금씩 구체화하면서 수시로 보고하고, 결국 성과를 이끌어내는 사람이다. 이런 직원 둘만 있으면 조직장은 뛸 듯이 기쁘고 행복하다. 직원들이 알아서 자율적으로 일을 해주므로 관심을 기울일 뿐 개입하거나 굳이 지시를 내릴 필요가 없다. 대신 조직장은 좀 더 큰 틀에서 새로운 프로젝트를 구상하거나 사내 관계 정립 및 조직 이미지 강화 등에 좀 더 시간을 할애할 수 있다.

반면 조직장으로 하여금 기운 빠지게 하는 유형도 있으니, 그저 시키는 일만 하는 직원이다. 기본 역량은 뛰어나지만 자발성은 최하 수준이다. 시키는 일은 잘하지만 자기 스스로 아이디어를 내거나 기존 방식을 벗어난 남다른 혁신은 기대할 수 없다. 주간 업무 계획 및 실적 취합과 정리 같은 반복적이고 일상적인 업무는 잘한다. 하지만 위기 요인을 간파해 사전에 대처한다거나 새로운 과제를 도출해 내는 역량은 부족하다. 주도적으로 일하는 역량이 부족해서 창의성을 요하는 프로젝트에는 참여시킬 수가 없다. 실패를 매우 두려워하므로 과감한 도전을 필요로 하는 직무 또한 부여할 수가 없다.

조직장 입장에서 가장 난처한 유형은 자기 일의 범위를 딱 정해놓고 조금도 손해 보지 않겠다는 마음으로 일하는 직원이다. 이들은 자기가 정해놓은 그 일만 한다. 갑자기 특정 직무를 요청하거나 부탁하면 "제가 왜 이 일을 해야 하나요?"라고 되묻는다. 한두 번은 조직장도 상황을 친절히 설명하고 일을 부탁하지만, 매번 이런 식이면 아무리 인내심 강한 조직장이라 하더라도 감정이 상한다. 어느 조직이든 단순 심부름이나 봉사활동 지원과 같은 공통 업무가 있다. 직급도 낮고 연령도 낮은데도 불구하고 왜 그 일을 해야 하느냐며 따지면 팀 분위기가 무거워진다. 그렇다면 자기 업무에 관한 한 완벽할까? 안타깝게도 이런 직원들의 공통점은 자기 업무도 제대로 못한다. 항상 자신이 가장 힘든 일을 한다는 불만에 차 있어서 자신에게 주어진 일에도 몰입하지 못하는 경우가 많다.

Z대리는 세 번째 유형의 직원이다. 뭔가는 하지만 무엇을 하고 있는지 모른다. 직원들로부터 소외된 채 홀로 일한다. 팀원이 함께 해야 할 일, 회식이나 미팅 준비에서 Z대리는 기여하는 바가 전혀 없다. 이전 조직장은 Z대리는 원래 그런 사람이라는 인식으로 그를 변화시키기를 포기했다. 그런데 김 상무가 새로운 조직장이 되어 한 사람씩 면담을 하면서 Z대리에게도 하고 있는 일, 조직에 대

한 생각, 일에 대한 생각, 사람에 대한 생각, 나아가 향후 어떻게 성장하고 싶은가에 대해 물어보았다. Z대리는 자신은 업무가 너무 힘들고 사람들은 자기를 싫어한다고 대답한다. 자신은 함께하고 싶은데 구성원들이 자신을 업무에서 배제한다는 이야기였다. 김 상무는 그럼 자신이 앞으로 어떻게 도와주면 좋겠는가 물으니 자신은 자신의 일을 책임져야 하므로 자신이 해야 할 일이 아닌 업무는 지시하지 말아달라고 한다.

며칠 후 김 상무는 Z대리에게 부서 전체의 주간 업무 실적과 계획을 취합하여 정리하는 일을 요청했다. 그러자 Z대리는 "그것은 김 과장님의 일입니다. 제가 왜 그 일을 해야 하나요?" 하고 되묻는다. 김 상무는 Z대리에게 2주 동안 Z대리를 관찰해 본 결과 그리고 주변 사람들의 이야기를 들려주며, 그 부분에 대한 Z대리의 견해도 넌지시 물어보았다. Z대리는 자신이 일을 너무 많이 해서 다른 직원들로부터 시기를 받는다고 말한다. 김 상무는 Z대리에게 주간업무 실적과 계획을 취합하고 정리하다 보면 누가 어떤 업무를 하고 있는지 알 수 있고, Z대리가 하는 일의 수준과 양도 비교해 볼 수 있을뿐더러 전체를 보는 시각도 생기는 만큼 한 달 동안만 해보라고 권했다.

Z대리는 주간 업무 계획을 취합하기 위해 직원들에게 메일을 보내고 응하지 않는 직원들을 찾아가 요청하는 일을 계속했다. 그러다 보니 어느새 다른 직원들과 잘 어울리게 되었다. 직원들 개개인의 일을 살펴보니 자신이 생각했던 수준보다 훨씬 많은 일을 수행하고 있었고 그 수준 또한 자신이 할 수 없는 일들이 많았다. 그럼에

도 불구하고 누군가 요청하면 밝은 모습으로 도와주는 김 과장을 비롯한 여러 선배가 참 대단하다는 생각도 하게 되었다. 이 차장은 개별 프로젝트를 진행하고 있는데 성격과 일하는 방식이 다른 여러 사람과 함께 하면서도 잘 조율해 가며 일을 진척시키고 있었다.

직원들이 자율적으로 일을 추진하는 조직은 몇 가지 특징이 있다. 아침인사부터 다르다. 문을 열고 들어와 눈도 바라보지 않고 "안녕하세요"하고 자리에 앉는 영혼 없는 인사를 하지 않는다. 내가 살아 있음을 느끼고 아침부터 생동감을 느끼게 하는 인사를 한다. 조직의 사명과 목표, 개인의 역할과 책임을 명확하게 알고, 이루고자 하는 결과에 초점을 맞춰 조직화가 잘 되어 있다. 개인의 강점을 활용하며, 리더십 역할을 공유하며 구성원 상호간에 지원을 아끼지 않는다. 갈등이나 의견의 불일치가 있을 때 개방적이고 객관적으로 의사결정을 한다. 무엇보다 조직장이 구성원을 세밀하게 알고 있고, 강하게 키우려는 관심과 실행이 뛰어나다.

임원은 구성원 개개인의 역량을 꼼꼼히 파악해야 한다. 그들의 역량을 키워줄 수 있는 일을 찾아내 강화시켜야 한다. 구성원이 일에 대한 자부심과 자신이 하는 일이 성장의 근원이라는 생각이 들도록 일에 의미를 부여할 때, 그는 그 일에 재미를 느끼며 자율성을 발휘한다.

임원이 알아보는, 일 잘하는 사람들의 12가지 특징

　누구나 똑같지는 않다. 성품이 착한 사람이 있는가 하면 항상 불만과 시기에 가득 찬 사람도 있다. 법 없이 살 수 있는 사람도 있고 앞뒤가 다른 사람도 있다. 자라온 환경과 타고난 성격이 다른데, 똑같은 생각과 행동을 기대하는 것 자체가 어리석다. 그러나 기업은 사람을 성과로 평가하고 그 결과에 따라 차등 보상을 할 수밖에 없기 때문에 성과를 낸 사람과 내지 못한 사람으로 구분한다. 일 잘하는 사람 역시 성과와 역량으로 그 판단 기준을 삼는다.

　직장생활을 오래 하다 보니 한 가지 특이한 사실을 발견하였다. 일 잘하는 사람에게는 그들만의 차별화된 비결이 있다는 점이다. 똑같은 일을 해도 성과가 달랐다. 그런데 이 성과에 가장 큰 영향을 미치는 것은 뜻밖에도 업무 능력 자체라기보다는 성격이나 인성이었다. 아무래도 보통의 상사 입장에서는 자기 혼자 떨어져 일하는 직원보다는 상사 혹은 다른 직원과 이런저런 이야기를 나누며 필요한 정보와 자료를 주고받고 다른 사람을 챙겨주는 직원에게 더 애정이 갈 수밖에 없다. 그렇기 때문에 혹시라도 이들의 업무 성과가 다소 떨어지면 질책하기보다는 도와주고 싶고 이끌어주고 싶은 생각이 들게 마련이다. 좋은 성격을 갖고 있으면서 일하는 방식마저 탁월하다면 누구나 그에게 배우고 싶지 않겠는가?

이런 견지에서 김상무가 생각하는 '일 잘하는 사람들의 4단계 및 12가지 원칙'은 다음과 같다.

▶ 1단계: 기획의 차이가 성과의 차이를 낳는다

조직장이 업무 지시를 하면서 직원에게 전략 기획부터 실행까지 모두 추진하게 한다면 그는 리더십 역량이 매우 뛰어난 것이 아니라 무능한 것이다. 조직장은 일의 바람직한 모습(조감도), 이 조감도를 달성해 나갈 수 있는 큰 골격(목차), 그리고 골격별 중점 포인트(키워드)를 알려줄 수 있어야 하며, 바로 이것이 기획력이다. 기획력 좋은 사람들의 3가지 공통점은 다음과 같다.

❶ 자신이 주도적이고 자율적으로 아이디어를 낸다. 대리 이상의 직급인데도 상사가 시키는 일만 하는 것은 무능하다. 평소 어떤 과제를 연구하고 고민해서 이를 상사에게 보고한 뒤 주도적으로 추진해 나갈 정도의 실력을 갖춰야 한다.

❷ 일의 수준이 최소 한 직급 위의 사람이 기대한 바를 뛰어넘는다. 대리

라면 과장급으로 일을 해내야 인정과 기대를 받는다. 일의 양만 많을 뿐 수준이 낮다면 인정받지 못한다.

❸ 바람직한 모습을 달성하기 위한 현상 분석과 명확한 계획을 수립한다. 기획력이 뛰어난 사람들은 추진계획이 분명하다. 스케치페이퍼를 통해 방향을 결정하기 때문에 엉뚱한 방향으로 흘러갈 소지를 원천적으로 차단한다. 이들의 추진계획을 보면 해낼 수 있겠구나 하는 확신이 든다.

▶ 2단계: 실행이 힘이다

조직장의 일은 정도경영을 바탕으로 솔선수범하며 전문 식견으로 의사결정을 하는 것이다. 조직장이 탁월한 의사결정을 하는 데는 직원의 실행력이 절대적으로 중요한 요소다. 실행력 강한 사람들의 3가지 특징은 다음과 같다.

❶ 체크 포인트와 리스트를 가지고 일 전체를 조망하고 조율한다. 이들은 해야 할 일에 대한 체크리스트를 가지고 일 전체를 보며 최대한 효과적으로 활동하고 마감을 단축시켜 효율을 올리는 노력을 한다.

❷ 자료수집 단계에서 강한 역량을 발휘한다. 일은 자료수집–자료분석–대안설정–최적안 결정–잠재 리스크 점검 등의 절차를 거치는데, 이들은 자료수집 단계에서 가장 많은 시간을 쏟고 몰입한다.

❸ 상사와의 부단한 소통을 이어간다. 조직장 입장에서 가장 답답할 때는 일의 진행상태를 전혀 알 수 없을 때다. 보고서가 올라오지 않는 한 알 수가 없다. 그러므로 조직장 입장에서는 날마다 일의 진척 사항을 간략히 보고하는 직원을, 자기 일 다 끝났다며 한꺼번에 두터운 보고서를 들고

오는 직원보다는 아무래도 더 좋아하게 된다. 매일이라도 좋으니 수시로 보고하는 직원이 조직의 큰 틀과 방향에 맞게 일할 수 있다.

▶ 3단계: 더 빨리 더 멋진 디자인으로

사무직 직원의 무기는 보고서와 말이다. 보고서를 통해 일의 시작과 결과를 정리하고, 말을 통해 이를 보고한다. 보고서를 남들이 따라갈 수 없을 정도로 명확하게 잘 작성하는데 말로 보고하는 일은 또 너무나 못하는 경우도 있어 답답할 때가 있다. 반면 말은 번지르르한데 보고서는 형편없는 경우도 있다. 조직장 입장에서는 두 경우 모두 아쉽다. 결과물 창출을 잘하는 사람들에게도 다음 3가지 비결이 있다.

❶ 마감이 상사를 감동시킨다. 조직장이 듣기 싫어하는 말 중 하나가 "언제까지 할까요?"이다. 대리 이상의 직급이라면 이런 질문은 해서는 안 된다. 조직장 입장에서 보면 빠르면 빠를수록 좋은 것 아닌가? 직원들이 언제까지 해야 하느냐고 물으면, 내 경우에는 이렇게 대답한다. "나를 감동시켜라."

❷ 보고서의 수준은 최고경영자의 수준에 맞춰져 있다. 최고경영자라면 과연 어떤 수준의 어떤 프로세스를 원할까? 기대효과는 무엇이며, 그것이 달성되었는가? 일을 추진하는 과정이 바르고 효율적이었는가 등이다. 보고의 방법도 매우 중요하다.

❸ 결과물 창출을 잘하는 사람들의 보고서가 디자인도 잘되어 있다. A4 용지에 10포인트 글자로 도표와 그림도 없이 빽빽하게 20쪽짜리 보고서

가 작성된다면 어떨까? 앞에 한두 장 읽어보다가 요약 보고서를 다시 만들어 오라는 지시가 떨어질 것이다. 보고서가 논리의 흐름이 자연스럽게 전개되고 과정과 결론이 명확하며 깔끔하고 알기 쉽게 정리되어 있으면 조직장은 너무나도 흐뭇하다.

▶ 4단계: 일의 마지막은 활용하고 홍보하는 것

대다수 직원들은 결과 보고가 끝나면 더는 할 일이 없다고 생각한다. 그러나 뛰어난 직원은 다르다. 가장 중요한 일이 이제 시작된다는 것을 안다. 바로 자신이 한 일에 대한 기록과 활용이다. 매뉴얼을 만들거나 PPT로 한 일을 체계적으로 정리하고 이를 공유하며 활용한다.

❶ 종료된 일을 매뉴얼과 파워포인트로 다시 작성한다. 이들은 자신들이 한 일을 시작부터 끝까지 기록하고 정리해 자신이 끝마친 일을 기억할 뿐 아니라 뒤에 누가 이 일을 하게 되더라도 쉽게 알아볼 수 있도록 돕는다.

❷ 정리된 매뉴얼과 파워포인트를 사내게시판을 통해 공유한다. 이들은 '소중한 건 나만 간직해야지' 하는 생각이 없다. 내가 만들었으나 그것을 바탕으로 다른 사람이 성과를 낼 수 있다면 그것 자체로 기쁘다고 말한다. 자신은 다음 번에 더 좋은 자료를 만들면 된다는 여유로운 생각을 갖고 있다. 일 잘하는 사람들의 특징 중 하나는 자신이 한 일을 자랑한다는 점이다.

❸ 매뉴얼과 파워포인트를 가지고 강의하거나 책을 쓰는 데 활용한다. 기록만으로 끝나지 않고 이를 보다 생산적인 활동에 활용하는 것이다. 이들

은 강의안을 만드는 데 그리 많은 시간을 쓰지는 않는다. 이미 같은 규격의 수많은 파워포인트 장표를 보유하고 있기 때문이다.

김상무는 강조해서 말한다. "누구나 일 잘하는 사람이 될 수 있다. 그런데 일 잘하는 사람은 단지 몇 명일 뿐이다. 알고는 있지만 실천을 하지 않아서다. 수많은 기업이 존재하지만, 그중 초일류기업은 소수인 것과 같은 이유다."

스스로 하게
만들어라

 김 상무는 직장인이라면 인사, 전화, 수명과 보고, 손님 응대만큼
은 기본 중의 기본이라고 생각한다. 인사를 할 줄 모르는 사람은 없다.
다만 인사를 아예 하지 않거나 형식적으로 인사하기 때문에 문제
가 된다. L과장은 고객을 응대하는 직무를 수행하지만 웬만해서는
고개를 숙이는 일이 없다. 고객이 명함을 전해도 자신은 명함을 주
지 않는다. 오죽하면 고객들이 "그 회사는 제품 품질도 우수하고 납
기를 잘 지킨다는 점에서도 완벽하다. 하지만 담당자를 한번 만나
고 나면 더는 그곳을 방문하고 싶은 생각이 안 든다"고 한다. 실제
로 고객들은 전화나 메일로만 주문한다. 김 상무는 자신과 함께 일
하는 직원의 한 사람인 L과장이 회사 안팎으로부터 좋지 않은 평판
을 받는 것이 썩 유쾌하지 않았다. 김 상무는 직원들에게 거듭 강조
했다. "나에게 질책을 받는 것은 평가가 내 선에서 마무리되는 것

이니만큼 큰 문제가 아니라고도 할 수 있지만, 우리 조직을 넘어 부정적 평판을 받는다는 것은 아주 큰 문제다. 그렇게 되면 개인의 이미지만 나빠지는 것이 아니라 소속된 조직 자체에 악영향을 미치게 된다. 부정적인 이야기가 우리 조직을 넘어가지 않도록 자기관리에 항시 철저해라."

수차례 이야기를 했건만 외부 고객으로부터 L과장에 대한 불만사항 보고가 줄어들기는커녕 더 잦아지자 김상무는 전격적으로 L과장의 업무를 내근직 재무 담당으로 바꿨다. 또한 직원들 중 최고참이고 직원들 사이에 신뢰가 깊은 조 팀장을 불러 '기본 지키기'를 강조해 달라고 했다. 김 상무는 30년 동안 자신이 이 자리에서 직원들에게 이런저런 조언을 자신 있게 할 수 있는 이유는 자기관리를 철저히 한 덕분이라면서, 자신을 무조건 본받으라는 것은 아니지만 직장인으로서 기본은 반드시 지킬 수 있도록 방안을 마련하라고 했다.

조 팀장은 차장급 이상 직원을 모아놓고 긴급회의를 열었다. 김 상무가 말하는 '기본'의 수준이 너무 높다, 한 사람의 잘못을 전체의 잘못이라도 되는 양 이야기하는 것은 곤란하다, 사실 우리가 너무 느슨했으니 긴장해야 한다 등등 다양한 의견이 개진되었으나, 구체적으로 어떻게 하자는 말은 없었다. 그러던 중 팀 구성원이 모두 모여 '우리가 반드시 지켜야 할 근무수칙'을 함께 만들어보면 어떻겠느냐는 의견이 나왔다. 다들 공감하며 동의했다. 다음 날 출근하자마자 전체 팀원이 모여 근무수칙을 정하기로 했다.

전체 회의는 차장 이상의 고참 직원들의 주도로 진행되었고 여러 의견이 나왔으나 서로에게 지나친 부담이 되지 않도록 하자는 의견에 따라 최종적으로는 다음과 같은 근무수칙 2가지를 확정했다. 첫째, 책임감을 갖고 자신의 역할을 다한다. 둘째, 남에게 피해를 주지 않는다. 그런데 '자신의 역할을 다한다'에 대한 구체적 정의나 범위 설정이 미흡하다는 점, 그리고 '남에게 피해를 주는 행위가 무엇인지'도 모호하다는 지적도 있었다. 그러나 다들 성인이므로 상대의 상식선을 존중하고 신뢰하기로 마음을 모았다. 남에게 피해를 주지 않으려 하기보다는 다른 사람을 배려하고자 노력하자는 것이었다. 조 팀장은 팀원들이 정한 2가지 근무수칙 및 수칙을 정한 배경에 관하여 김 상무에게 보고했다. 김 상무는 "여러분이 정한 수칙이니 여러분 스스로 더 책임감을 느끼며 지켜주길 바란다."면서 만족스러워했다.

다음 날, 출근하는 직원들의 표정이 여느 때와 달리 밝고 힘차다. 지각하는 직원도 없다. 전반적으로 좀 더 일에 집중하는 모습이다. 보고서가 간단명료해졌고 자신의 업무를 두고 개선의견을 적극적으로 낸다.

임원이 모든 일을 이끌어갈 수는 없다. 구성원들이 임원의 마음을 먼저 읽고 자발적으로 안을 만들어 실행하도록 하는 것이 보다 더 효과적이다. 하나하나 눈에 보일 때마다 잔소리를 한다고 해서 개선되는 것이 아니다.

일의 최종 책임은
임원에게 있음을 보여 줘라

누군가에게 부탁받아 일을 대신 해줄 때는 자신의 일보다 더 잘해 줘야 하는 것인데 사람 마음이 꼭 그렇지는 않은가 보다. 조직 내에 연차 활성화 제도가 실시되고 2주간의 리프레시 휴가가 정착되면서 긴 휴가를 쓰는 직원들이 많아졌다. 김 상무는 휴가를 즐길지라도 자신이 맡은 일에서는 언제나 완벽을 기해야 한다고 누누이 강조했다.

심 부장은 자신이 담당하는 업무에 대해 완벽할 뿐 아니라 좀처럼 누구의 부탁을 거절하는 경우가 없다. 그래서 많은 사람이 어렵고 불편한 일이 있으면 심 부장에게 도움을 청했고 그때마다 심 부장은 이야기를 들어주거나 실제로 문제를 해결해 주었다. 팀원들 모두가 직급이 높고 나이가 많은데도 심 부장을 크게 부담스럽게 여기지 않고 편하게 행동하였다. 어느 날, 심 부장의 부인이 여행을 간 사이에 어린 아들이 갑자기 아파 병원에 입원하는 일이 발생했다. 심 부장은 이틀간 휴가를 냈다.

심 부장의 직무는 주로 거래처에 제품을 납품하는 것이었는데, 휴가를 낸 다음 날 제품을 보내야만 하는 상황이었다. 공장에 이미 이야기가 되어 있어 제품 수량과 주소 등 기본적인 사항만 확인해 거래처에 보내기만 하면 되었다. 심 부장은 팀의 막내 조 주임에게 부탁하였다. 조 주임은 자신이 책임지고 잘 보내겠다면서 메모를 했다. 잘 부탁한다는 당부의 말을 한 뒤 심 부장은 병원에 갔다. 아이의 상태가 악화되어 수술을 했는데, 아이가 마취에서 깨어나지 않았다. 심 부장은 밤을 꼬박 새웠다. 그 다음 날 아침, 아이가 깨어났지만 다소 고통스러워했다. 곁에서 아이를 지켜보다가 회사 일이 궁금해져 조 주임에게 전화를 걸어봤다. 조 주임은 잠시 후인 오전 10시에 공장에 가서 점검하고 보내겠다고 한다. 심 부장은 고마워하며 잘 부탁한다고 말했다. 병원에서 아들의 입원이 길어질 것 같다는 이야기를 듣고는 여행 간 아내에게 전화해 귀국하도록 하고 추가로 입원해 있을 일반 병실을 예약하는 등 이리저리 뛰어다니다 보니 어느새 오후 2시가 되었다. 다시 조 주임에게 전화해 업무 처리에 관해 확인하고자 하는데 전화를 받지 않는다. 잘했겠지 하는 마음에 아이 상태를 살피는데 부모님과 형님 내외분이 오셨다. 두 분과 이야기를 하고 함께 저녁을 먹으러 다녀왔다. 간밤에 잠을 제대로 자지 못한 탓인지 8시가 되니 졸음이 쏟아졌다. 잠시 눈을 감는다는 것이 깜박 잠이 들어 11시가 넘었다.

잠에서 깨어나 스마트폰을 보니 부재중전화가 5통이 있고 문자도 많이 와 있다. 부재중전화의 번호가 거래처여서 급히 문자를 보니 제품이 납품되지 않았는데 무슨 일이 있느냐는 내용이었다. 또 다른 문자는 현재 자신들이 가진 재고가 얼마 되지 않아 오늘 중에 납품이 되지 않으면, 내일 새벽 작업에 지장이 있다는 긴급한 문자였다. 왜 전화를 받지 않느냐는 독촉 문자도 있었다. 심 부장은 급히 조 주임에게 전화를 걸어, 늦은 밤에 미안하지만 거래처 납품 건이 어떻게 되었느냐고 물으니, 바빠서 깜빡했다고 한다. 공장에 전화하니 아무도 전화를 받지 않는다. 공장장에게 전화해 지금 공장에 가는데 제품을 꺼낼 수 있느냐고 하니 반출증이 있어야 한다며 어렵다고 한다. 아침 6시에 담당자들 출근하게 하여 반출할 수 있도록 하겠으니 내일 6시에 보자고 한다. 심 부장은 거래처로 전화해 사정을 이야기하고 내일 10시까지 제품을 납품하겠다면서 연신 죄송하다고 했다.

이튿날 새벽 6시, 심 부장은 회사 차량에 제품을 싣고 직접 거래처를 방문했다. 부품 재고가 없어 1시간가량 작업이 멈춘 상태였다. 평소 심 부장의 성실함을 알기에 다음에는 이런 일이 없길 바란다고 애써 감정을 누그러뜨리며 말하고 있기는 하지만, 거래처 사장의 표정은 굳어 있다. 심 부장 입장에서도 자신으로 인해 사장에게 질책을 받았을 담당자에게 할 말이 없었다.

회사로 돌아온 심 부장은 김 상무에게 자초지종을 이야기했다. 자신의 잘못으로 회사 이미지에 누를 끼치게 되었다며 거듭 죄송하다고 말했다. "모든 잘못이 제게 있고 제가 맡은 일은 끝까지 제가 책임을 지겠습니다."라는 심 부장의 말에, 김 상무는 병원에 있는 아이 상태는 어떠냐고 묻고는 얼른 다시 병원부터 가보라고 했다.

심 부장을 병원으로 보낸 후 김 상무는 거래처 사장을 찾아가 잘못된 일에 대해 사과했고 담당자를 찾아가 미안한 마음을 전했다. 거래처 사장은 이번 일은 잘 해결되었으니 괜찮다면서 심 부장의 상황을 뒤늦게 알게 되었다고 말하며 심 부장 자녀의 쾌유를 빌어주었다.

임원은 지시를 내렸다고 일에 대한 책임을 다했다고 생각하면 안 된다. 임원의 일에 대한 책임은 그 일이 완벽하게 마무리될 때이다. 일의 중간에 그 누구의 실수로 일이 잘못되었을 때의 최종 책임은 당연히 임원의 몫이다. 제도적으로 팀장은 얼마, 임원은 얼마까지라는 경비에 대한 권한위임이 되어 있다. 위임된 경비 범위 내의 일을 팀장이 보고도 없이 추진하다가 잘못되었을 때, 임원이 팀장이 보고도 없이 추진한 일이라 알지도 못했다고 내 책임은 없다는 말을 해서는 안 된다. 자신의 조직에서 일어난 모든 일은 자신의 책임이라는 마음가짐을 가져야 한다. 이를 위해 임원은 최종적으로 모든 직원이 자신의 일에 끝까지 책임지도록 훈련시켜야 한다. 임원이 그 일의 궁극적 책임이 담당자가 아닌 임원인 자신에게 있음을 알고 실천하면, 조직과 직원들은 본인도 본인의 일에 대해 그렇게 하게 되어 있다.

직원을 성장시키는
임원의 특징

임원은 좋은 사람이 아니다

　김 상무는 온화하며 잔소리를 하지 않는다. 항상 직원에게 좋은 말을 해주며, 일을 잘못했거나 실수로 일을 망친 경우에도 질책 대신 다음에 잘하라는 말만 한다. "법 없이도 살아갈 수 있는 사람이 있다면 김 상무이다"라는 말이 오간다. 하지만, 김 상무가 속한 실의 성과는 그렇게 높지 않다. 김 상무의 인성이 직원들에게 영향을 주어 자발적 업무가 수행되어야 하지만, 어찌된 일인지 유능한 직원은 실을 떠난다. 직원들도 활력이 없다. 왜 그럴까?

　김 상무가 싫은 소리를 하지 않아 회사의 구질구질한 업무는 A실에서 수행하는 경우가 많다. 지금까지 하지 않은 새로운 일을 수행해 성과를 내면 회사가 떠들썩하기 마련이다. 이곳저곳에서 잘했다는 인사를 하고 성과가 큰 경우 CEO가 특별 상이나 인센티브를 직접 수여한다. 하지만, 누구나 다 할 수 있는 귀찮고 힘든 일을 어느 한 실이 대부분 수행했다고 해서 칭찬하는 조직이나 사람은 없다. 그 일을 하지 않아 불편해지기 전에는 고마워하지 않는다. CEO는 누가 그 일을 했는지 관심조차 없다. 이런 일들을 A실이 도맡아 하니 직원들이 좋아할 수가 없다. 그것도 원해서 하는 일이 아닌 실장이 착하다는 이유뿐이다.

임원이 좋은 사람이면 조직과 사람은 성장하기 힘들다. 조직은 주어진 역량과 여건으로 새로운 가치와 성과를 창출해야 한다. 하지만, 남들이 하기 싫어하는 부가가치 낮은 업무를 수행하면 보다 높은 수준의 목표를 설정하고 몰입하여 성과를 내기는 쉽지 않다. 직원들도 꿈과 도전할 일이 많은데 수준 낮은 팔과 다리만 고생하는 일을 하게 되면 무슨 동기부여가 되겠는가? 모두가 좋은 상사라고 하지만, 성격이 좋은 것이지 뛰어난 임원은 아닌 것이다.

임원의 역할 중 하나는 강한 조직과 직원을 육성하는 것이다. 강한 조직과 직원은 한순간에 만들어지지 않는다. 여러 요인이 복합적으로 작용하여 보다 높은 수준의 역량과 성과가 축적되어야 한다. 그 중심에 임원이 있다.

직원을 성장시키는 임원의 특징

MZ세대들이 강조하는 논리 2가지가 바로 성장과 공정이다. MZ

세대는 공정하다면 배분의 차별을 크게 가져가는 결정에 반발이 적다. 제도의 설계나 운영이 공정하고 회사와 직무를 통해 성장하기를 기원한다.

직원을 성장시키는 임원에게는 다음과 같은 특징을 살펴볼 수 있다.

첫째, 철저한 자기관리와 꿈과 열정을 통해 모범이 되고 있다.

임원의 솔선수범과 엄격한 자기관리로 모범을 보이고 성과를 창출한다면, 직원들은 임원의 말을 신뢰하고 따르게 된다. 자신들이 할 수 없는 일을 임원이 하며, 일관되고 지속해 나갈 때 비로소 존경한다. 임원에게 분명한 꿈과 목표가 있고, 이를 수시로 점검하여 그 결과를 공유한다면 이를 보는 직원은 성장하게 된다. 보는 것이 배우는 것이다.

둘째, 개개인의 강점과 보완점을 알고, 꿈을 갖게 하고 강점을 강화한다.

직장생활을 하면서 직원에게 '꿈에 대한 여러 질문'을 했다. 직원들 중 나이가 많은 직원은 꿈이 없다. 있다면 자식들이 좋은 회사에 입사하고, 좋은 사람을 만나 결혼하는 것이라 한다. 본인의 꿈이 아닌 자식의 꿈이다. 뛰어난 임원이 가장 먼저 하는 일은 직원 개개인의 강약점과 꿈을 갖게 해주는 것이다. 꿈이 있는 직원과 없는 직원의 차이는 갈수록 벌어지게 되어 있다.

셋째, 개별 점검과 피드백에 강하며 질책과 칭찬을 잘 활용한다.

뛰어난 임원은 직원들의 회사 내 목표를 제출받고 개별적으로 이를 달성할 10가지 방안을 모색하라고 한다. 10개의 실천방안을 매주 점검하고 강한 피드백을 준다. 직원들은 자신이 세운 목표와 10가지 실천 방안에 대해 매주 점검받는 것을 처음에는 부담스러워 하지만, 갈수록 적응하며 목표를 올리는 직원이 생기게 된다.

넷째, 시켜서 일을 하게 하지 않고 스스로 일을 찾아 상사와 협의하며 추진하게 한다.

시켜 일을 하면 즐겁지 않다. 성과가 높은 직원은 스스로 일을 찾아 상사와 협의하여 일을 추진한다. 일의 전문성은 지도를 통해 향상되지만, 전문성 향상의 더 큰 요인은 일 그 자체를 즐기며 행하는 가운데 생기는 것이다. 뛰어난 임원은 이러한 일 수행방법을 잘 알기에 직원에게 믿고 맡기며 전문성을 강화하게 한다.

다섯째, 얻고자 하는 바가 분명하고 우선순위를 정해 성과를 내게 한다.

일을 하며 얻고자 하는 바가 분명하다면 일의 성과는 나게 되어 있다. 관행적으로 일을 하는 것이 아닌 항상 성과를 생각하며 어제 했던 일도 다시 보도록 해야 한다. 우선순위를 정하고 한 업무에 집중하게 하는 것도 매우 중요하다. 중요하지도 긴급하지도 않은 업무를 직원이 한다면 이는 직원의 잘못 이전에 조직장의 잘못이다.

여섯째, 사람에 대한 신뢰와 관계 관리에 관심을 갖게 한다.

직장생활은 혼자 할 수가 없다. 더불어 함께 성과를 창출해야 하기 때문에 소통과 협업은 그 무엇보다 중요하다. 뛰어난 임원은 직원들이 관계를 구축하고 유지하며 발전시키는 역량을 강화하게 한다. 긍정적 표현을 통해 상대의 마음을 훔치고, 상대의 마음속에 고

마음을 간직하게 한다. 상처주는 말이 아닌 격려와 칭찬의 말을 통해 관계를 공고히 하게 한다. 우군을 만드는 것도 중요하지만 적을 만들지 않도록 겸손하고 신중한 관계관리를 가져가게 한다. 만나는 사람에게 항상 최선을 다하게 한다.

뛰어난 임원을 만나는 것은 직원의 행운이다. 사실 처음부터 뛰어난 임원은 없다. 그 역시 그 누구로부터 영향을 받았다. 주변에 뛰어난 임원이 없다면, 뛰어난 임원을 만들면 된다. 자신도 뛰어난 임원이 되어 영향을 주며 후배들에게 멋진 유산을 남기는 것이 보다 옳지 않겠는가?

'규칙'을 없애
'혁신'을 얻은 회사들

　일본의 A공장 견학을 갔을 때 일이다. 회사나 공장의 실상을 보려면 화장실을 보라고 한 선배의 말이 생각이 나서 정문을 통과하자마자 화장실에 들어갔다. 깨끗했다. 세면대에 물방울 하나 없었다. 바닥에도 물기가 없었고 화장실 냄새가 전혀 없었다. 공장 내부 견학을 하는데, 정리정돈은 이렇게 하는 것이라는 모범답안을 보는 듯하였다. 있어야 할 것이 있어야 할 곳에 잘 있었다. 게시판의 부착물 하나 삐뚤어진 것이 없었다. 그런데 더더욱 깜짝 놀란 것은 청소를 담당하는 직원이 따로 없다는 말 때문이었다. 화장실을 포함해 공장 전역에 할 일이 있으면 누구든 먼저 보는 사람이 한다고 한다. 복도나 사무실, 심지어 운동장에 휴지라도 한 장 떨어져 있으면 가장 먼저 본 사람이 줍는다고 한다. 자신이 생각할 때 더럽거나 삐뚤어져 있거나, 잘못 놓여 있으면 다른 사람이 사용하기 편하도록 기분 좋게 정리해 둔다고 한다. "나만 자꾸 청소를 하게 되고 남들은 하지 않으면 어쩝니까?" 하고 우문을 던졌더니, 안내를 해주는 직원이 웃으며 대답한다. "저희는 저희 직원을 믿습니다." 굳이 규정을 정해놓지 않아도 모두가 열린 마음으로 '필요한 일'을 알아서 하는 시스템이 돋보였다.

국내의 대기업 D사 역시 규정과 규칙 없애기 운동을 펼친 사례가 있다. 출퇴근 시간 규정을 비롯해 제반 인사규정과 행동규칙을 직원 자율에 맡긴 것이다. 웬만한 기업 같으면 다들 어떻게 해야 할지 몰라 눈치를 보는 등 적지 않은 동요가 일어났을 텐데, 그래서 결국 최소한의 규정이나 방침은 남겨두었을 텐데, D사에서는 그로 인한 동요나 갈등이 없었다. 모든 구성원이 지금까지 해오던 업무에서 자기책임을 다하고 동료나 함께 일하는 사람들에게 피해를 주지 않겠다는 보이지 않는 룰이 작동했다.

예컨대 이 회사는 직원들이 저녁에 식사를 하거나 소주라도 한잔하면 그 비용을 전부 회사가 부담한다. 그렇지만 이 회사의 누구 한 사람 친구 등 사적 지인과의 식사비용을 회사에 청구하는 법이 없다. 그런 행동은 부끄러운 행동이라는 점이 암묵적으로 공유되어 있다. 일과 시간을 관리하는 주체는 자기 자신이며, 그에 관한 모든 의사결정을 본인 스스로 내린다. 이런 자율적인 문화일수록 조직과 직원 간에 신뢰가 깊다.

회사의 공간 배치를 '열린 공간'으로 바꿈으로써 책임과 신뢰를 회복한 경우도 있다. '내 자리'라는 개념을 없애고 먼저 출근한 사람이 어디든 원하는 곳에 앉아 일하도록 한 것이다. 말 그대로 일찍 온 사람이 자신이 원하는 자리에 앉아 일을 한다. 늦게 올수록 문 앞이나 구석자리 등 썩 좋지 않은 공간에서 일을 하게 된다. 임원도 예외가 없다. 그런데, 누구든 먼저 온 사람이 원하는 자리에 앉을 수 있다는 그 자율성 속에 무서운 원칙이 하나 있었다. 몸이 불편한 장애우와 임신부의 자리는 가장 편안하고 햇빛이 잘 드는 좋은 자리로 배정해 둔 것이었다. 아무리 빨리 출근한 사람일지라도 그 자리에는 절대 앉지 않는다. 누가 앉지 말라고 한 것도 아니지만, 보이지 않는 배려가 살아 숨 쉰다. 나는 이 회사를 방문해 그러한 자리 배치를 살펴보고는 이 회사는 분명 신뢰지수가 매우 높을 것이라고 확신할 수 있었다.

군 생활을 할 때 한 달에 한 번은 장교가 병사들 배식을 담당했다. 작전에 실패한 장교는 용서할 수 있지만, 배식에 실패한 장교는 용서할 수 없다는 우스갯말처럼 군에서는 먹는 것에 민감하다. 고깃국 배식을 할 때를 생각해 보라. 솥의 깊은 바닥까지 잘 젓지 않으면 누구는 고기가 하나도 없는 국을 먹고 누구는 고기가 잔뜩 든 국을 먹게 된다. 당연히 원성이 있을 수 밖에 없다. 군에서는 배식이 그만큼 중요하다. 잘못하면 10퍼센트 가까운 병사들이 밥을 굶거나 반찬이 떨어져 못 먹게 되는 일이 발생하기 때문에 애초 조금 부족한 듯싶게 배식을 하게 된다. 군대처럼 식사시간이 되면 직원들이 직접 배식하는 회사를 견학한 적이 있다. 이 회사에서는 입구에 들어서면서부터 직원들의 진심 어린 인사를 받게 된다. 화장실을 찾으니 직원이 직접 안내를 해주고 커피 한잔 마시고 싶다고 했더니 직접 뽑아서 가져다주는데 표정이 밝다. 회의실에 들어가니 테이블에 각종 음료수가 있어서 원하는 대로 가져가 마신다. 중식 시간에 식당에 갔는데, 사람들이 6명이 앉을 수 있는 테이블을 다 채우고 나서야 그 다음 테이블로 가서 앉는다. 함께 온 외부 사람이 있으면 뒷사람에게 양해를 구해서 따로 앉지만, 내부 직원들은 테이블을 비워두지 않고 꽉꽉 채우고 같은 테이블에 앉은 직원들과도 화기애애한 이야기를 나누며 식사한다. 한 테이블에 앉았다면 6명 모두가 식사를 끝낼 때까지 아주 바쁘고 특별한 일이 없는 한 기다려준다. 배식을 맡은 직원들은 친근하게 이름을 불러주며 식사량을 묻고 조정한다. 직원들이 서로 이름을 다 아느냐고 물으니 입사 후 3개월 이내에 300명 직원의 이름을 모두 익힌다고 한다. 직원들이 배식을 하면서 이름과 직급을 불러주는 것이 매우 인상적이었다.

임원은 직원들이 흥이 나게 해야 한다. 규정, 규칙으로 직원들을 통제하기보다는 스스로 즐겁게 일할 수 있도록 만들어야 한다. 어떤 경우에는 각종 규제나 규정을 없애는 것이 직원들의 혁신을 촉진하는 지름길일 수도 있다.

인성과 전문성은
조직문화를 이끄는 기본이다

악순환 팀장이 임원이 되었다.

임원인사 발표가 있던 날, 전 직원들은 충격에 빠졌다. 악순환 팀장이 임원이 되다니···. 전략팀과 신사업팀 그리고 정도경영팀 팀원들은 한숨을 내쉰다. 정도경영팀장이던 악순환 팀장은 아무 잘못이 없는 경쟁 팀장의 팀에 3개월 감사를 실시하였고, 회사에 불만을 토로한 과장급들에 대해 직원에게 퇴근 후 무슨 일을 하는가 파악하여 보고하라고 했다. 임원들 앞에서는 무조건 예스맨이었지만, 직원들에게는 소리를 지르며 마음에 들지 않으면 감사를 이유를 개인 신상정보까지 전부 파악하였다. 구매 청결을 이유로 구매부서 직원들의 3개년 회사 경비 사용내역과 외부인과의 모든 만남은 회의록을 작성하게 하고 만약 사실과 다르면 바로 징계위원회를 열어 직원들을 힘들게 한 장본인이었다. 영업사원들 대상의 현장 퇴근과 재택근무를 반대하였으나 실행되게 되자, 몇 명을 미행하여 기강해이 보고서를 작성한 사건은 지금도 회자되고 있다. 이런 악순환 팀장이 임원이 된 것이다.

최근 임원과 CEO의 갑질이 지탄의 대상이 된다. 근본적으로 인성이 좋지 않은 사람이 임원이 되면, 구성원들을 더 쪼면 더 많은 일을 할 것이라는 생각을 갖고, 조직과 구성원을 힘들게 만들며 자신의 말에 무조건 복종하도록 한다. 누군가 반대를 하거나 불만을 하는 행동을 용납하지 않는다. 많은 사람 앞에서 큰 소리로 무안을 주거나, 험담과 심한 경우 폭력을 행사하며 자신의 권위를 이끌어 간다. 이런 임원 밑에는 다들 무사안일주의로 소나기는 피해가자는 식의 문화가 형성된다. 그 누구도 제안이나 건설적 비판을 하지 않는다. 도전적이고 창의적인 과제를 제안하는 사람이 단 한 명도 없다 보니, 우리 부서에는 자신을 제외하고 역량이 있고 열정적으로 일하는 사람이 없다고 한다. 자신이 없으면 이 조직은 쓰러진다고 생각한다. 직원들이 일찍 퇴근하면 능력도 없는 사람들이 퇴근만 빨리 한다고 질책한다. 팀장들과 고참 직원들이 눈치껏 늦은 시간까지 일하는 모습을 보이고, 젊은 직원들은 눈치를 살핀다. 일의 성과를 떠나 전 직원이 늦은 시간까지 남아 있는 그 자체를 보여주는 것만으로도 이들 임원들은 만족해한다. 잘못 배웠기에 임원이 되었어도 자신이 배운 것만 생각하고 세상이 변한 것을 알지 못한다. 윗사람의 지시가 있으면 밤을 새며 끝내라고 종용한다. 큰 것을 보지 못하고 '빨리빨리 했다 주의'에 익숙해 있다.

지금까지 악순환 팀장은 일은 담당자가 하는 것이고 자신은 의사결정만 하는 사람이라고 생각하고 있다. 팀장은 어느 한 직무의 전문가가 아닌 전사 어떤 업무를 맡기더라도 해내야 한다고 입으로만 말한다. 직원들이 이 과제는 이런 프로세스로 추진해야 한다고 해도 들으려 하지 않고 알지도 못하면서 무조건 자신이 익숙한 방법과 의사결정을 강요한다. 자신의 방법대로 하지 않는 직원에 대해서는 비난하고 심한 질책을 하니 직원들은 일이 잘못된다는 것을 알면서도 그냥 하거나 중간에 일부러 지연시키기도 한다. 일이 잘못되었을 때, 팀원이 잘못한 일이라고 책임을 지라고 한다. 팀장이 전문성이 없으니 팀원들은 지금까지 당연히 해야만 하는 일상적인 일만 수행했고, 도전적이거나 개선해야 하는 일은 전혀 수행하지 않았다. 팀장이 전문성이 없으니 올라온 보고서만 살필 뿐, 올라오지 않은 과제에 대해서는 알지도 못했다.

임원의 솔선수범은 자신만의 생각과 일하는 방법만을 강조하고 무조건 나를 따르라는 식의 언행이 아니다. 인성은 기본이고 전사적 관점으로 사업에 대한 본질을 꿰뚫고 있어야 한다. 제품의 밸류체인에 대한 해박한 지식을 갖고 있어야 할 뿐만 아니라, 자신이 담당하는 직무에 대해서는 최근 동향과 경쟁사 동향, 높은 수준의 전문성을 갖추고 CEO와 같은 역할을 수행해야 한다. 이러한 인성과 전문성을 바탕으로 직원들에게 방향과 큰 틀 그리고 핵심 키워드를 주고 믿고 맡기는 솔선수범을 해야 한다.

임원이 되고 싶다,
존경받는 임원이 되고 싶다

한 사람이 있어 나와 함께 하루 중 가장 오랜 시간을 근무한다는 것은 어마어마한 일이다. 본문을 통해 여러 번 강조했듯이 임원이 혼자 열심히 해서는 절대 임원이 될 수 없다. 믿고 맡기지 못하고 일에 매몰되어 있고 항상 불만에 찬 임원들과 인터뷰하면 "지금까지 임원이 어떤 역할을 하고, 어떤 마음가짐과 조직 관리를 하고 과업을 수행해 성과를 내는지 배운 적이 없다. 있다면 눈 너머로 상사가 하는 일을 지켜봤을 뿐이다."라고 말한다. 상황이 이러니 직원으로부터 존경받는 임원이 적다.

직원들에게 어떤 임원을 존경하느냐고 물었다.

❶ 꿈과 하고 싶은 버킷리스트가 있고 실천해 나가는 임원
❷ 담당 직무의 외부 전문가가 인정하고 찾아오는 임원
❸ 모르는 것에 대한 해답이 있고 전략적 의사결정을 하는 임원
❹ 변화의 방향에 민감하며 이를 선도하는 임원
❺ 담당하는 직무의 CEO와 같이 책임을 다하는 임원
❻ 높은 수준의 직무 전문성을 가지고 있는 임원

❼ 올바른 가치관으로 앞과 뒤가 동일한 언행을 하는 임원

❽ 약속을 지키며 말을 함부로 하지 않는 임원

❾ 성과를 최우선으로 미래 성장을 위한 전략과 실행에 집중하는 임원

❿ 후계자를 선정하고, 구성원 역량 강화에 직접 참여하는 임원

　사실 직원들이 바라는 임원의 모습은 진정성을 바탕으로 직원들을 먼저 생각하며 함께 목표를 달성해 나가는 상사, 자신이 속한 조직과 함께 일하는 사람들의 가치를 올려 성과를 내고 지속성장하게 하는 상사일 것이다. 상사가 가져가야 할 올바른 가치관이 무엇이냐고 강연에서 한 CEO에게 물었다. 이분은 잠시의 망설임도 없이 "고객을 제일로 생각하라, 조직과 구성원을 키우는 문화를 구축하라, 사람을 소중히 하는 경영을 해라, 끊임없이 개선하라"고 목소리 높여 말한다. 이런 상사와 함께 근무하는 것은 자랑스러울 것이다. 일에 대한 자부심이 높고, 내가 성장하고 있다는 생각이 들 것이다. 무엇보다 회사에 출근하는 것이 재미있을 것이다.

회사가 원하는 임원은 어떤 역량을 갖추고 있어야 하는가?

　임원은 회사를 지속성장시킬 책임이 있다. 조직과 구성원의 경쟁력을 강화시켜 이익을 창출해 회사를 키워가야 한다. 사업과 제품, 현재와 미래의 전략, 조직과 사람, 경쟁사와 이해 관계자 집단에 대해 회사를 대표해야 한다. 이를 위해 첫째, 비전을 수립하여 직원들에게 내재화시키고, 직원들이 한마음이 되어 한 방향으로 불

타게 해야 한다. 임원이 철학과 원칙이 없으면 조직이 흔들리고 신뢰를 잃게 된다. 둘째, 전체를 보며 통합적이며 전략적인 의사결정을 해야 한다. 상사가 사심에 가득 찬 의사결정을 한다면 그 회사는 결코 오래갈 수가 없다. 셋째, 사업과 관련된 변화를 읽고 주도해야 한다. 회사를 둘러싼 환경의 변화의 트렌드를 찾기 위해 전문가를 만나고, 책 속에서 미래의 큰 그림을 그리며 변화를 주도해 가야 한다. 넷째, 품격을 갖추고 솔선수범하는 실행력을 갖추어야 한다. 조직 구성원에게 '멋과 맛의 향기를 풍기는 품격 있는 사람', '원칙이 있고 자신이 닮고 싶은 롤 모델'이라면, 아무리 힘든 일, 고통스런 일이라 할지라도 그들은 밤을 새워 완수해 낼 것이다. 다섯째, 폭넓은 대내외 네트워크를 쌓고 활용해야 한다. 내부 인맥뿐 아니라 자신의 직무와 관련된 외부 인맥을 지속적으로 만나고 소통하며, 지원하고 도움을 받아야 한다. 여섯째, 자리에 연연하지 않고 역량 있는 후배를 선정하고 강하게 키워야 한다. 임원은 자신의 뒤를 이어 그 조직을 더욱 성장시킬 후배를 선정하여 강하게 육성한다. 그에게 자리를 내주고 그 후배가 마음껏 자신의 역량을 펼치게 도와줘야 한다.

존경받는 임원은 누구일까? '직원의 마음을 읽고 성장을 지원하는 사람' 아닐까? 내 마음속에 직원들을 담고 아무 바라는 것 없이, 그들의 생각과 행동을 이해하며 소통하고, 조직과 직원의 성장을 지원해 성과를 창출해 가는 진정성을 가진 사람이 존경받는 임원이라고 강조하고 싶다.

존경스러운 임원(Do)과
실망스러운 임원(Don't)

임원은 고민한다

CEO는 임원들을 바라보며, '왜 나처럼 생각하지 않는가?' 하며 고민한다. 반면 직원들은 임원들이 작은 것부터 거시적인 것까지 다 해결해 주는 롤모델로서 완벽한 종합적인 사람이기를 기대한다. 팀장에서 임원이 되었을 때, 내가 잘해서 되었다고 생각하여 기존의 성공경험과 역량으로 밀고 나갔다가 얼마 되지 않아 포기하거나 퇴출되는 임원이 많다. 오죽하면 임원 중에서는 팀장으로 있을 때가 가장 행복했다고 하는 이도 있다.

임원은 위로는 CEO를 보완하여 사업과 회사의 철학과 방향에 맞추어 비전, 전략, 중점과제를 수행하고, 조직과 구성원의 역량을 강화해 성과를 창출하고 회사가 지속 성장하도록 이끌어야 한다. 이를 위해서는 다음 3가지에 대해 명확한 마음가짐이 있어야 한다.

첫째, 방향설정이다.

우리가 정말 잘해 왔는가? 지금은 사활이 걸린 생존의 상황이다.

단기 실적에 연연하지 말고, 원칙에 입각하여 길고 멀리 보는 경영을 해야 한다. 궁극적으로 임원의 역할은 조직 성과를 창출하는 것이다. 이를 위해서는 "했다 주의"가 아닌 일의 본질을 이해하고, 무엇을 위해 어느 방향으로 가느냐 등 궁극적 목표점을 제시해야 한다. 임원의 가장 중요한 역할 중 하나는 바로 길고 멀리 보는 전략적 의사결정으로 제대로 방향을 설정해 주어야 한다.

둘째, 일의 원칙과 관리이다.

성실하고 열심히 일을 하기만 하면 되었던 시기가 있었다. 지금은 이는 기본이고 남들과 차별성 있게 창조적인 일을 해야만 한다. 스마트하고 생산적으로 해야 한다. 이렇게 하려면 직원의 역량이 뒷받침되어야 한다. 업무수행과정이나 결과에 대해 무엇이 문제이고 어떻게 개선하는지 제대로 챙겨줘야 한다. 업무를 통한 직원의 능력개발과 육성, 조직학습에 시간의 70~80%를 써야 한다. 이 일을 하는 것이 옳다고 생각하면, 지속적으로 가도록 구체적 로드맵을 세워 실천해 나가야 한다.

셋째, 사람을 존중하고 배려하며 육성하는 것이다.

사람은 쉽게 바뀌지 않는다. 바뀔 때까지 지속적으로 노력해야 한다. 올바른 가치관을 바탕으로 역량과 열정을 키워 육성하는 것이 리더이지만, 못 따라오면 버리는 것도 리더이다. 온정을 지니고 있되 냉정하게 판단하여 행동해야 할 때는 무섭게 냉정해야 한다.

임원으로서 Do와 Don't

　임원으로서 역할을 수행함에 있어 자신이 갖고 있는 철학과 원칙은 매우 중요하다. 하지만, 직장생활은 혼자 하는 일이 아니다. 함께 하나가 되어 성과를 창출해야만 한다. 직원들 입을 통해 임원이 해야 할 Do(존경스러운 임원)와 하지 않아야 할 Don't(실망스러운 임원)를 정리해 보았다.

1) 방향제시

`Do`

"우리는 이렇게 간다 방향을 먼저 제시하며 파이팅 할 때"

"저분 밑에서 일하면 내가 성장할 것이라는 개인의 비전을 줄 때"

"기존 일의 유지/개선보다는 새로운 일, 성장에 대한 시도에 치중할 때"

`Don't`

"앞으로 무엇으로 먹고살지 확신을 주지 못하고, 그저 열심히 하라고 할 때"

"장/단기 관점을 모두 강조하지만 실질적으로는 단기관점의 의사결정일 때"

"경쟁사보다 먼저 하자는 의견을 당장 사업성이 없다며 무시할 때"

2) 전략의 수립과 실천

`Do`

"전체 방향과 전략을 귀신처럼 캐치하는 스마트한 모습"

"제일 먼저 우리가 가야 할 방향을 함께 고민해 보자 제안할 때"

"실패 위험에도 불구하고 책임지겠다며 중요한 결정을 내릴 때"

`Don't`

"전략, 방향을 챙기기보다는 세부 숫자만 가지고 계속 일을 다시 시킬 때"

"전략의 중요성을 강조하지만, 정작 방향과 내용의 구체성이 없을 때"

"위에서 한 가지 지시하면 전략과 고민없이 직원에게 열 가지 일을 시킬 때"

3) 정도경영(윤리성)

`Do`

"바른 일을 하고 있다는 믿음을 줄 만한 윤리적 행동을 할 때"

"술자리에서 함부로 말하지 않고, 강요하지 않는 등 바른 모습"

"믿고 따라도 되겠다 싶은 청렴한 인품"

`Don't`

"양심이나 이치에 맞지 않는 행동을 할 때"

"업무상 일이 아닌 것 같은데 법인카드를 남용할 때"

"사무실, 술자리에서 음담패설 등 매너가 좋지 않은 모습"

4) 의사소통

`Do`

"윗사람의 의중을 제대로 파악하고, 올바른 의견을 개진하는 모습"

"옳다고 생각한 바를 상사/부하에 투명하게 이야기하고, 의견을 구함"

"타 기관/본부와 원만한 교류 및 부서 간 이견을 원활히 풀고 일을 추진"

"구성원들이 어려워하는 부분에 인간적인 소통 및 편한 대화의 기회를 줌"

"한번 결재한 내용에 대해서는 내 책임이라고 함"

`Don't`

"올바른 진행 방향을 찾기보다 위의 의중에 맞춰 논리를 만듦"

"소신에 따라 설득하기보다는 위에서 시키는 대로 결정을 내림"

"이리 해라, 저리 해라 지시만 하고, 담당자 생각은 경청 안 함"

"다른 사람의 의견을 경청하지 않고, 잘못된 점만 지적"

"자신의 경험/전문성만 옳다고 믿고, 정해진 결론만 고집"

5) 부하육성

`Do`

"함께 일하고 나면 넓은 시야 등 많은 것을 배웠다고 느끼게 함"

"담당자의 고생을 이해하고 배려하려 노력해 줌"

"누가 뭘 잘할까? 구성원 개개인을 포용하고 지원해 줌"

"실수를 감싸주며, 뭘 배웠냐고 물어보며 이해해 줌"

"신뢰가 바탕이 된 칭찬/격려 속에 핵심을 찌르는 업무적 가르침이 있음"

"일에 대한 실수를 가지고 성격이나 자질까지 언급할 때"

"팀원의 개성을 이해 못하고, 모난 돌이라며 정으로 쫄 때"

"팀워크, 갈등해소, 동기부여 등을 오로지 회식(술)으로 해결하려 할 때"

"역량개발을 강조하지만 정작 일은 일하면서만 배우는 것이라 하고, 외부 세미나/교육참석은 회사 예산 낭비라 생각, 네트워크 가치 무시" (타 회사 사례 자료는 항상 인터넷 검색으로만 해결할 때)

조직을 발전시키는 임원, 인재를 키워내는 임원이 되는 방법

권선복
도서출판 행복에너지 대표이사

조직에 있어 임원은 조직의 방향을 결정하는 사람이자, 조직 구성원들을 발전시키고, 나아가서 조직의 미래와 비전을 제시하고 실현시키는 사람이기도 합니다. 기업 조직에서는 기업 오너 및 CEO와 그들을 보좌하는 임원진이 조직의 임원이라고 할 수 있을 것입니다.

많은 사람들이 신입사원 때는 주어진 일을 열심히 하고, 중견 사원이 되면 신입사원 때 쌓은 실무능력을 바탕으로 더 깊은 실무작업과 다양한 종류의 확장된 업무에 충실하게 활동합니다. 하지만 임원이 되면, 사원과는 업무 환경도, 요구되는 능력과 성과도 다르기에 사원으로서 뛰어난 성과를 쌓았던 사람들도 큰 고민을 하게 되는 경우가 많습니다.

이 책 『임원의 품격, 꿀팁 50가지』는 조직이 나아가는 방향에 가장 직접적인 영향을 미치는 임원의 역량을 성장시키는 '꿀팁' 50가지를 담고 있는 책입니다. 책의 저자인 홍석환 대표는 삼성그룹(17년), GS칼텍스(8년), KT&G(6년) 등 약 31년의 대기업 HR 전문가로 활동하면서 쌓은 경험과 지식을 가진 HR 전문 컨설턴트입니다. 연 100회 이상 강의를 통해 다양한 규모의 기업 오너 및 임원들과 접촉하며 쌓은 경험과 지식으로 기업의 임원이라는 위치가 가진 중요성과 함께 조직을 발전시키고 인재를 키워내며 궁극적으로 모두에게 존경을 받는 임원이 될 수 있는 방법을 이야기합니다.

홍석환 저자가 강조하는 '품격 있는 임원'이 가져야 할 필수적 요소는 '전략', '의사결정', '인품', '관계', '인재 육성'의 다섯 가지입니다. 일반 사원에게 필요한 것이 기본적으로 뛰어난 실무능력이라면, 임원에게 필요한 능력은 역할이 다르므로 큰 차이가 있습니다. 임원은 조직이 나아가는 방향을 결정하고, 조직 바깥과의 탄탄한 관계를 구축하여 조직은 물론 자기 스스로의 발전 디딤돌로 삼으며, 끊임없이 조직을 위한 인재를 내부적으로 육성하여 조직의 미래를 담보할 수 있는 능력이 중요합니다. 여기에 더해 자기 자신의 외견과 내면을 끊임없이 관리하며 조직원들이 진심으로 '저 임원은 존경하는 롤모델이다'라고 평가하도록 만든다면 조직의 사기와 성과는 더욱 향상되고 조직원들을 '신뢰'로 이끌어가는 게 가능하게 될 것입니다.

김태춘의 보물찾기

김태춘 지음 | 값 20,000원

본서는 38년간 공무원 생활을 하고 이제 의왕시 시장으로 새로운 출발을 꿈꾸는 김태춘의 지금까지의 발걸음을 기록한 자서전이다. 그가 살아온 인생역정과 그가 이룬 봉사의 과정을 기술하는 글에는 자신감과 노력이 생생히 깃들어 있다. 본서를 통해 멋진 공무원의 모습과 한 사람의 열정이 사회에 미치는 선순환을 발견하고 그와 같은 삶을 벤치마킹할 수 있을 것이다.

국방혁신 4.0의 비전과 방책

정춘일 지음 | 값 25,000원

본서는 21세기의 전쟁 패러다임과 군사력이 어떻게 전환될 것인지를 분석한다. 우선, 오늘날 가속화되고 있는 정보통신혁명의 군사적 파장 및 군사혁신의 개념을 살펴보고 21세기의 전쟁 수행 개념과 방식을 예고해 준 걸프전쟁을 군사혁신 관점에서 분석한다. 끝으로 전쟁 및 군사 패러다임의 새로운 발전 경향을 구체적으로 고찰하며 한국군이 걸어야 할 길과 롤모델을 제시하고 있다.

영혼을 채우는 마음 한 그릇

정재원 지음 | 값 14,500원

이 책은 다양한 스트레스를 마주하는 현대인들에게 도움이 될 수 있는 '마음 돌아보기' 에세이집이다. 상처 입은 내면아이를 마주하고 감정을 정리하고 치유하는 방법을 따뜻한 조언으로 건네는 책은 각 장에 걸쳐 마음을 단련하고 보듬는 과정을 차례차례 들려주는 한편, 다양한 예시를 들며 우리의 일상생활과 밀접한 관련이 있는 환경과 주제들을 끌어와 이해하기 쉽고 공감이 가도록 이야기한다.

추운 겨울을 이겨낸 봄꽃처럼

신명순 지음 | 값 20,000원

책은 (구)더불어민주당 경기도당 여성청년위원회 부위원장에서부터 김포시의회 5대 의원(민주당 비례대표), 6대 전반기 부의장을 거쳐 7대 전후반기 의장으로 활동 중인 신명순 경기도 김포시의회 의장의 활동과 미래 김포시에 대한 비전을 담은 에세이이다. 특히 사회적 약자들이 살기 편하며 인권의 가치를 추구하는 진정한 명품도시 김포를 만들기 위한 저자의 노력을 읽어낼 수 있다.

번아웃: 이론, 사례 및 대응전략

이명호, 성기정 지음 | 값 25,000원

최근 사회적으로 큰 이슈를 불러일으키고 있는 '번아웃 증후군'에 학문적으로 접근하여 이론적인 기반을 세우는 한편 사례조사를 통한 대응 원칙을 세우는 것을 목표로 하고 있는 책이다. 번아웃의 원인, 결과, 그리고 이에 대한 대응전략이라는 큰 틀 속에서 번아웃의 증상을 유형화하고, 번아웃 이론을 소개하였으며, 번아웃의 측정문제를 다루었다. 특히 의사들을 연구대상으로 한 저자의 박사학위논문 연구결과를 사례로 제시하여 현장성을 높였다.

초심으로 읽는 글로벌 시대 손자兵法 해설

신병호 지음 | 값 25,000원

이 책은 2500년이 지나도 그 가치가 퇴색되지 않는 고전 중의 고전, 손자병법을 깔끔한 해설과 학습자료를 구비하여 재탄생시킨 저서이다. 저자 신병호 장군의 군 복무 및 강의 경력에 기반해 한글뿐만 아니라 중국어 원문과 영어해석을 곁들이고 '러블리 팁'과 오늘의 사유(思惟)를 통해 자기계발과 인문학적 지식을 모두 가져갈 수 있도록 돕는 신개념의 손자병법 해설서다.

리콴유가 전하는 이중언어 교육 이야기

리콴유 지음, 송바우나 옮김 | 값 22,000원

이번에 번역 출간되는 『리콴유가 전하는 이중언어 교육 이야기』는 리콴유 초대 싱가포르 총리가 싱가포르 건국 후 적지 않은 반대에도 불구하고 싱가포르를 이중언어 사용 국가로 변모시켜 나가는 과정, 그리고 그 후의 평가를 담고 있다. 비록 많은 점이 다르긴 하나 정치, 경제, 문화의 세 가지 차원에서 과감하게 전개된 싱가포르 이중언어 교육 정책의 역사는 대한민국에도 큰 화두가 될 수 있을 것이다.

코로나 이후의 삶

권기헌 지음 | 값 16,000원

본서는 2020년 COVID-19 사태를 맞이해 이미 시작되고 있는 전 세계적 새로운 패러다임 속에서 참된 나를 찾아가는 여정을 설명하고 있다. 나는 육신에 갇힌 좁은 존재가 아니라 무한하고 완전한 존재라는 것이 이 책이 담고 있는 생의 비밀이자 핵심이다. 저자가 소개하는 마음수련의 원리를 따라가면 어느새 본서에서 제시하는 몸과 마음에 관한 비밀에 매료되는 자신을 발견하게 될 것이다.

무슨 사연이 있어 왔는지 들어나 봅시다

손상하 지음 | 값 25,000원

전직 외교관이 외교현장에서 직접 겪은 생생한 이야기를 가감 없이 소개하는 흥미진진한 수필집이다. 첩보 영화를 방불케 하는 외교 작전에서부터 우리가 모르는 외교현장의 뒷이야기, 깊은 인간적 비애가 느껴지는 역사의 한 무대까지 저자의 생각과 여정을 따라가다 보면 마치 현장에 와 있는 것만 같은 실감과 함께 세계 속 대한민국의 위치를 돌아볼 수 있는 사색을 제공할 것이다.

한 권으로 종결하는 약국 브랜딩

심현진 지음 | 값 17,000원

600명 이상의 약사 회원을 단 6개월 만에 끌어들이며 다양한 채널을 통해 많은 약사들의 멘토로 활약 중인 저자 심현진 약사는 경쟁사회 속에서 살아남는 유일한 방법은 차별화된 퍼스널 브랜딩이라고 단언한다. 경험에 기반한 퍼스널 브랜딩의 명확한 가이드라인을 제시하는 한편 약사라는 직업에 대한 깊은 고찰을 바탕으로 모두가 함께 승리자가 될 수 있는 방법을 제시하는 점이 인상적이다.

우리 가족과 코로나19

이승직, 박희순, 류동원 지음 | 값 17,000원

제천에서 강의와 기업컨설팅을 진행하며 평범한 생활을 하고 있던 저자가 예상치 못하게 코로나19에 감염되어 격리입원한 후 약 한 달여간의 치료 및 회복 기록을 기반으로 작성한 이 투병 수기는 세계적인 미증유(未曾有)의 난국을 이겨내는 데에 있어서 가족, 이웃 그리고 사람들 간의 연대와 따뜻한 마음의 나눔이 얼마나 소중한지에 대해서 이야기하고 있다.

괜찮아 겁내지 마 널 지켜줄게

최재영 지음 | 값 20,000원

이 책은 '살아가기 위해서' 하루하루 이 악물고 떨쳐 일어나는 사람들을 그린 자화상이자, 이들을 따스하게 어루만지는 희망과 소통의 메시지를 담고 있다. 최재영 저자는 자신의 성취뿐만 아니라 살아오면서 겪은 고통스러운 이야기들 역시 담담하면서도 솔직하게 풀어내는 한편 평범하지만 최선을 다해 살아가고 있는 이들에게 가슴을 울리는 조언과 위로를 던진다.

하루 5분 나를 바꾸는 긍정훈련
행복에너지

'긍정훈련' 당신의 삶을
행복으로 인도할
최고의, 최후의 '멘토'

'행복에너지
권선복 대표이사'가 전하는
행복과 긍정의 에너지,
그 삶의 이야기!

인터파크
자기계발 분야 주간
베스트 1위

권선복 지음 | 15,000원

권선복

도서출판 행복에너지 대표
영상고등학교 운영위원장
대통령직속 지역발전위원회
문화복지 전문위원
새마을문고 서울시 강서구 회장
전) 팔팔컴퓨터 전산학원장
전) 강서구의회(도시건설위원장)
아주대학교 공공정책대학원 졸업
충남 논산 출생

책 『하루 5분, 나를 바꾸는 긍정훈련 - 행복에너지』는 '긍정훈련' 과정을 통해 삶을 업그레이드하고 행복을 찾아 나설 것을 독자에게 독려한다.

긍정훈련 과정은 [예행연습] [워밍업] [실전] [강화] [숨고르기] [마무리] 등 총 6단계로 나뉘어 각 단계별 사례를 바탕으로 독자 스스로가 느끼고 배운 것을 직접 실천할 수 있게 하는 데 그 목적을 두고 있다.

그동안 우리가 숱하게 '긍정하는 방법'에 대해 배워왔으면서도 정작 삶에 적용시키지 못했던 것은, 머리로만 이해하고 실천으로는 옮기지 않았기 때문이다. 이제 삶을 행복하고 아름답게 가꿀 긍정과의 여정, 그 시작을 책과 함께해 보자.

『하루 5분, 나를 바꾸는 긍정훈련 - 행복에너지』

'행복에너지'의 해피 대한민국 프로젝트!
〈모교 책 보내기 운동〉

대한민국의 뿌리, 대한민국의 미래 **청소년·청년**들에게 **책**을 보내주세요.

많은 학교의 도서관이 가난해지고 있습니다. 그만큼 많은 학생들의 마음 또한 가난해지고 있습니다. 학교 도서관에는 색이 바래고 찢어진 책들이 나뒹굽니다. 더럽고 먼지만 앉은 책을 과연 누가 읽고 싶어 할까요? 게임과 스마트폰에 중독된 초·중고생들. 입시의 문턱 앞에서 문제집에만 매달리는 고등학생들. 험난한 취업 준비에 책 읽을 시간조차 없는 대학생들. 아무런 꿈도 없이 정해진 길을 따라서만 가는 젊은이들이 과연 대한민국을 이끌 수 있을까요?

한 권의 책은 한 사람의 인생을 바꾸는 힘을 가지고 있습니다. 한 사람의 인생이 바뀌면 한 나라의 국운이 바뀝니다. **저희 행복에너지에서는 베스트셀러와 각종 기관에서 우수도서로 선정된 도서를 중심으로 〈모교 책 보내기 운동〉을 펼치고 있습니다.** 대한민국의 미래, 젊은이들에게 좋은 책을 보내주십시오. 독자 여러분의 자랑스러운 모교에 보내진 한 권의 책은 더 크게 성장할 대한민국의 발판이 될 것입니다.

도서출판 행복에너지를 성원해주시는 독자 여러분의 많은 관심과 참여 부탁드리겠습니다.

도서출판 **행복에너지** 임직원 일동